工程项目管理规划
——项目实战要点

芮俊飞 编著

东南大学出版社
SOUTHEAST UNIVERSITY PRESS
·南京·

图书在版编目(CIP)数据

工程项目管理规划:项目实战要点/芮俊飞编著. —南京:东南大学出版社,2023.10
 ISBN 978-7-5766-0893-9

Ⅰ. ①工… Ⅱ. ①芮… Ⅲ. ①工程项目管理 Ⅳ. ①F284

中国国家版本馆 CIP 数据核字(2023)第 185472 号

责任编辑:杨 凡　责任校对:子雪莲　封面设计:毕 真　责任印制:周荣虎

工程项目管理规划——项目实战要点

编　　著	芮俊飞
出版发行	东南大学出版社
出 版 人	白云飞
社　　址	南京市四牌楼 2 号(邮编:210096)
网　　址	http://www.seupress.com
经　　销	全国各地新华书店
印　　刷	广东虎彩云印刷有限公司
开　　本	787 mm×1092 mm　1/16
印　　张	13.75
字　　数	277 千字
版　　次	2023 年 10 月第 1 版
印　　次	2023 年 10 月第 1 次印刷
书　　号	ISBN 978-7-5766-0893-9
定　　价	68.00 元

本社图书若有印装质量问题,请直接与营销部联系,电话:025-83791830。

前 言 / Preface

社会经济的高速发展,离不开人民群众勤勤恳恳、争分夺秒的奋斗!我国的劳动人民是最勤劳的人民,一线建筑工友包括管理人员的工作负荷远超社会一般工作人员;在国外需要修建数年的工程,中国建筑人可以在超乎想象的时间内完成,三到五天盖出一层楼的"中国速度",是中国经济增速的原动力!

社会的发展使得工程项目的规模及数量都在变大,工程项目的设计也已经不再是单纯的图纸复制;很多项目对技术和工艺都有新的要求;工程项目的建造过程已不能单纯地依靠原有一两个管理人员的经验与习惯,而是需要一个团队的协作。普通项目决策者亲下项目一线,几个管理人员就可以完成项目目标;但在多项目或大型项目以及有新工艺、新要求的时候,用原来单项目、小项目管理的思维就无法顺利落实项目意图。参与者不清楚真正需要做什么,更不清楚需要什么样的人来做什么事、来管理,导致重复管理、失控管理,结果是决策者埋怨管理层,管理层埋怨执行层,执行层反过来埋怨管理层与决策者,形成消极循环,项目推进更是难上加难。

由于各个项目的特征不一样,因此要求项目管理人员不仅要有丰富的工作经验,更要有很强的专业能力与管理能力。项目负责人成长经历的不同,导致管理的侧重点也不同。有些项目负责人是从施工员做起来的,对生产与技术这方面比较熟悉,但在经营、协调、总体把控方面存在较多不足;有些项目负责人是从技术或经营做起来的,对技术或经营比较熟悉,但在生产推进方面又有欠缺。工程项目现场有经验、懂经营、懂生产、懂技术、有学历、懂管理、有建造师证的项目负责人,往往集中在国有企业和大型民营企业,这是中国特色的市场化经济决定的。

项目现场存在一部分有丰富经验的管理人员,但是由于学历、工作时间(没有充足业余时间)的限制,他们无法考取建造师证,在参与到重要的管理工作时,不能做到"人证相符"。项目现场也存在有证、没有过多一线工作经验的管理人员/项目经理,由于经验不足,没有快速试错的时间,他们往往无法在较短时间内胜任项目负责人一职。在普通的民营施工企业,特别是专业或劳务施工企业,项目负责人的综合能力更是参差不齐!在项目管理中,存在缺少管理与过度管理并存的现象:同一件事可能同时几个人都在管(重复管理),而有些事情却处于不受控状态。

人的精力与能力在一定时间内都是有限的。在工程项目管理中,有些分包单位甚至总包单位,现场一个项目负责人既是施工员,又是采购员,所有的工作事项都在一个人或几个人身上,表面上是省了管理人员费用,实质上存在很多问题。如果施工总承包企业不加以管理,甚至总承包企业也是这样,到头来质量、进度、安全都会失控。

项目开工前,资源准备不足;基础施工阶段,场地凌乱;主体施工阶段,周转材料多、材料周转区域多、物料堆放杂乱无章;现场材料损耗、浪费现象时有发生;装饰阶段,场内道路堵塞、垂直运输紧张、班组与班组纠纷不断……类似问题在工程项目启动前都应有相应规划。规范化管理是项目管理的根本!工程项目规划是工程项目管理的纲领性文件,可以实实在在地解决工程项目管理出现的各类问题,是开展工程项目管理活动的依据。工程项目规划管理是管理学中的一个系统工程,通过树立全要素管理的思想,建立业务流程式管理,坚持一体化管理的思维习惯、坚持文件化的表达方式、坚持PDCA(Plan—计划、Do—执行、Check—检查、Act—处理)过程控制与持续改进的升级途径。以控制偏差为出发点,实现管理的系统、规范、简洁、高效、持续。全面推进工程项目规划管理,会给项目带来实实在在的经济利益与社会效益。

工程项目管理需要达到什么目的?需要依靠什么?需要解决什么问题?如何做到?做工程如同做一桌酒席,如何做到满足用餐人的要求?从采购食材(主材、酱料),准备锅碗瓢盆,清洗、切备到位,蒸煮炒后上桌,到用餐完毕后厨清洗到位等每一步都有明确的要求。工程项目管理也是如此!

工程项目管理一方面在管,管目标、管流程,按国家和地方、行业、企业的要求去做;一方面是理,理思路、理关系,理清头绪,按一定的程序合理地去做。工程项目管理一方面在于对他人的管理,一方面在于对自己的管理;在监督的过程中做好服务,做好技术及后勤保障。工程项目管理的精髓应该是服务,让参与者知道做什么、应该怎样做,以及做好做坏的后果。在获取项目、确定项目主合同(施工总承包合同)后,在熟悉设计图纸与主合同的前提下,根据主合同要求、设计图纸相关要求,开工前统筹规划,完善图纸,确定施工方案,确定人、材、机资源的配置;在明确要求、统一标准的条件下,编制分包分供招标计划,确定专业分包队伍、劳务队伍、机械与材料供应商,签订分包分供合同;并把所有需要的资源进行整合,做好技术规划、安全规划,在确保安全、质量的前提下,按照主合同约定的工期与质量,完成主合同约定的标的与工作内容;按所有合同约定进行结算并从业主方回款、对分包分供方付款的过程与目标方面进行控制。工程项目管理是一个系统的、动态的管理过程,需要不断进行检查、总结、修正和提高,进行动态调整、管理,并最终实现项目合同要求的目标。

工程项目管理是目标导向的管理,目标的制定是以项目主合同为焦点,通过逐层分解、落实责任制、约定分包分供相关合同条款、绩效考核内部管理人员相关工作,来推进项目目标实现。项目管理通过不断完善目标分解体系、落实责任体系、监督考核体系,通过规则标准的不断改进和管理手段的不断创新实现管理目标。将设定的总体目标分解为若干个具体工作事项、具体的小目标;采用标准作业流程,具体到每一项业务上,科学有序地组织各类资源,开展各项管理活动。在分解目标时需要注意:好的目标与计划,不是"摘星星"(目标过高)才能做到的,也不是"躺平"(目标过低)就能够做到的;目标应该是通过组织管理、团队协作和一定的努力就能够达到的。通过明确目标、统一标准、清晰权责、统筹管理,做到项目履约能力与水平不因管理人员和项目条件的差异而改变,最终实现工程项目管理的有效落实。工程项目管理追求的理想状态是"模块化""复制化"管理。

工程项目规划管理是一个既简单又复杂的全新管理方法。简单是指它的原理非常简单,一看就懂,一听就明白;复杂是指它的系统性、全面性、完整性。在项目管理体系当中,必须全方位地做好工程项目规划,并通过强有力的组织形式落实、执行工程项目规划。工程项目规划是项目管理中施工方案、项目施工组织设计的升级版,增加了其他相关要素,覆盖了其他内容,涉及工程项目管理的方方面面!工程项目规划不可能一步全部做到位,需在施工过程中不断完善。

目 录 / Contents

第一章　项目前期规划 …………………………………… 001
　第一节　项目概况 ………………………………… 003
　第二节　项目现场现状 …………………………… 007
　第三节　主要相关方概况 ………………………… 009
　第四节　沟通管理 ………………………………… 011
　第五节　开工前手续 ……………………………… 013
　第六节　风险分析 ………………………………… 014
　第七节　重点、难点分析 ………………………… 016
　第八节　项目部组建 ……………………………… 017
第二章　现场规划 ………………………………………… 037
　第一节　现场规划方案 …………………………… 038
　第二节　现场规划附表 …………………………… 043
　第三节　现场规划平面布置图 …………………… 051
第三章　项目职业健康安全规划 ………………………… 052
　第一节　安全生产规划 …………………………… 057
　第二节　安全规划附表 …………………………… 058
　第三节　安全隐患及整改 ………………………… 067
　第四节　安全生产责任 …………………………… 068
　第五节　目标责任书 ……………………………… 071
第四章　技术规划 ………………………………………… 072
　第一节　技术规划方案 …………………………… 074
　第二节　技术规划附表 …………………………… 078
第五章　施工规划 ………………………………………… 093
　第一节　施工规划方案 …………………………… 096
　第二节　施工规划附表 …………………………… 098
　第三节　项目后续工作计划编制任务表 ………… 100

第六章　经营规划 110
第一节　项目经营概况 114
第二节　合同分解及招标计划 115
第三节　开源 117
第四节　节流 120
第五节　附件 123

第七章　项目资金规划 150
第一节　项目资金规划方案 152
第二节　资金规划附表 155

第八章　项目案例 161
案例一　制度与流程 162
案例二　分包分供选择 173
案例三　成本管理—物资管理 178
案例四　机械管理 184
案例五　劳资与安全管理 188
案例六　进度—工序安排与控制 190
案例七　项目管理—工作任务表 192
案例八　项目指标 200
案例九　项目收尾管理 201
案例十　项目目标责任书简易版 204

后记 209

作者简介 210

第一章 项目前期规划

项目前期规划是项目规划不可缺少的一个重要环节,也是项目正式启动的重要环节。项目前期规划是项目规划的前提,是确保项目顺利进行的前提条件。

项目前期规划包括熟悉项目概括、合同概括、现场状况、项目相关方、开工前手续等,规划沟通管理、风险与重点难点分析以及项目部组建等相关内容。

熟悉项目内容:工程概况、主合同条款、现场现状("九通一平"情况、场地内管网迁移情况、施工场地及周边地形、周边建筑高度及距离、拆除及拆迁现状、勘察报告的了解与核实、项目周边人文习惯)、参建相关方概况、开工前手续等。

通过对图纸与主合同的了解,可以清晰地知道业主方的要求以及项目部需要完成的项目的工作内容。项目现场场地情况决定项目现场布置及临建方案的确定,也决定部分施工方案的确定。在对项目现场情况熟悉的基础上,检查项目现场条件与合同约定条件的一致性,对于现场核查中发现与合同、图纸不一致的项目内容应保留书面记录及影像资料,汇总后在项目启动时及时通知业主、监理方,根据合同约定的条款作为项目索赔和施工方案优化的基础。项目启动前期手续的完善,直接影响施工许可证的领取,影响项目正式启动的速度;项目部进场前,必须对业主有关前期手续的办理情况进行详细了解;对没有到位的必要条件及前期手续,明确责任人、责任期限,配合业主和相关部门及时跟进完善。

参建各方的技术实力、管理水平、项目管理的成熟经验和人员搭配在一定程度上影响项目的推进及项目各方最终目标的达成。在项目规划时识别项目主要相关方,并做好沟通规划及管理是项目管理的一项重要工作。项目部应对参建各方信息及要求进行分析,得出项目主要相关方重要的需求信息和工作目标,并使项目资源用于有利于成功的信息沟通与事项上。定期加强信息沟通,有利于项目的推进;缺乏沟通会造成信息的失真与项目相关工作的失败。

基于对合同、图纸、现场状况、手续办理、项目相关方的熟悉了解,在全面了解、熟悉可能影响项目推进相关因素的情况下,将以往项目与将启动项目进行对比,根据项目大小及难易程度,对将启动项目的风险与重点、难点进行分析,统一对项目管理重点和难点的认识;组建项目部,明确分工及职责,落实项目岗位责任制,为项目顺利开工奠定基础。

团队创造价值，团队的协作共进是项目目标实现的关键！项目履约执行的主体是团队，再好的规划没有执行，也是不行的。目标的实现必须依靠强有力的执行！项目部必须树立一个意识：工程做得好，是项目班子与分包分供全体参与团队做得好；工程有问题，是项目班子有问题。项目负责人需要做的是，组织项目班子调动各方资源积极推动工程项目目标的实现；组织在运营过程中相互关联的流程组成相应的集合体，通过主要流程、子流程和辅助流程等几个层次，驱动整个团队去满足各个要素的需求以使项目目标实现。

清晰的权责组织架构、岗位职责和流程，能够在项目目标实现过程中起到积极、决定性的作用！组织架构没有固定的模式，常规情况下组织架构按工作事项设置，项目部主要事项是"三控三管一协调"，落实到各岗位，工作内容涉及技术质量、安全生产、造价经营与招标采购。每个事项有人做且能做好，组织架构就是好的，项目管理就不存在失控。组织架构、流程必须在熟悉工作内容与业务的基础上确定，涉及组织结构、管控模式及管理制度、流程再造方面的变动，需要由清楚问题产生的根源和解决办法的专业人员负责。如果对造价、技术、安全生产不清楚，必须避免进行组织重组、制度再设计。

项目部的组建及岗位的设置，根据项目特征及工作任务、工作内容确定。工作职责遵循因事设岗原则；从"理清该做的事"开始，"以事定岗、以岗定人"。设置岗位既要着眼于项目进展，又要着眼于企业发展；按照职责范围划定岗位，不因人设岗；岗位和人是设置和配置的关系，不能颠倒。岗位设置需要根据市场上该岗位薪酬、工作范围与职责、劳动强度等综合考虑。工作饱满度小的可以一人多岗；工作内容多、任务重的可以一岗多人，也可以分解成多个岗位一人一岗。

第一节　项目概况

一、工程概况

1. 工程建设概况

序号	项目	内容		
1	工程名称			
2	工程地点			
3	发包方名称			
4	设计单位			
5	监理单位			
6	总承包单位			
7	工程类型	□公建　□工业　□住宅　□市政　□公路　□其他		
8	投资性质	□政府　□BT　□外资　□合资　□民营　□其他		
9	主要用途			
10	结构类型	□框架　□框剪　□框筒　□筒中筒　□钢结构　□剪力墙　□其他		
11	占地面积(m^2)			
12	基础形式			
13	地上单体个数	（群体工程以下内容分楼号描述）		
13	建筑面积(m^2)	总面积：_____，其中地下室面积：_____，地上部分面积：_____		
13	建筑高度(m)	总高度：	檐口高度：	最大基坑深度：
13	建筑层数			
13	建筑层高(m)			
14	合同造价（万元）	其中	土建	景观绿化
14	合同造价（万元）	其中	机电	外围管网
14	合同造价（万元）	其中	装饰	道路围墙
15	开竣工日期	开工日期：	竣工日期：	总工期(天)：

2. 工程建筑概况

序号	主要部位	主要做法
1	防水	
2	砌体	
3	楼地面	
4	保温	
5	门窗	
6	装饰装修	
7	屋面	
8	……	

3. 工程结构概况

地基处理					
基础					
主体					
抗震设防烈度				人防等级	
抗震等级					
混凝土强度等级及抗渗等级		基础		墙	
		柱		梁、板	
		楼梯		其他	
特殊结构说明					

4. 建筑设备安装概况

序号	系统划分	基本功能与相关要求
1	水电	
2	弱电	
3	消防	
4	空调	
5	智能化	
6	……	

5. 主要建筑功能分区表

序号	楼层及区域	基本功能及需注意事项
1		
2		
3		
4		

二、施工合同概况

1. 合同施工范围、内容划分

序号	工作性质	工作内容
1	总承包施工范围、内容	
2	总承包管理范围、内容	
3	甲指分包范围、内容	
4	未明确的工作范围、内容	
5	……	

2. 合同工期节点目标

序号	目标名称	完成时间	备注
1	土方及支护		
2	基础及底板完成		
3	±0.0结构完成		
4	基础验收		
5	结构封顶		
6	主体验收		
7	土建工程完成		
8	安装工程完成		
9	装饰工程完成		
10	附属工程完成		
11	竣工验收		
12	……		

3. 合同管理目标及奖惩规定

序号	目标名称	管理目标	奖惩规定
1	工程质量		
2	施工工期		
3	安全文明标化		
4	环境扬尘管理		
5	绿色施工管理		
6	竣工资料管理		
7	实名制管理		
8	……		

4. 主要材料、设备供应方式（在具体供应方式内打"√"标识）

序号	名称	甲方供应	甲定乙购	乙方自购
1	建筑结构工程			
(1)	钢材			
(2)	……			
2	机电安装工程			
(1)	电缆			
(2)	……			
3	装饰装修工程			
(1)	地砖			
(2)	……			
4	外幕墙工程			
(1)	铝合金			
(2)	……			
5	室外工程			
(1)	管网			
(2)	……			

注：本表中甲方为施工合同中的发包方，乙方为承包方。

第二节　项目现场现状

1. "九通一平"情况

序号	项目	到位情况
1	道路	内部道路（或待施工临时道路）是否具备施工通行条件，与外围道路连通情况；外部道路情况，主要桥梁、涵洞通行能力……
2	场地	……
3	电源	……
4	水源	……
5	雨水	……
6	排污	……
7	燃气	……
8	电信	……
9	网络	……
10	热力	……

2. 原场地内需迁移、拆除、处理事项

序号	项目	迁移、拆除、处理事项
1	房屋	
2	电源	
3	水源	
4	光缆	
5	排污	
6	网络	
7	燃气	
8	树木	
9	周边环境	是否扰民等
10	……	

要求：可附加必要的照片或卫星图片等影像资料；附图可标明具体位置、尺寸并分析说明。

3. 勘察报告的了解与核实

序号	项目	具体情况
1	原始地貌、地质条件	
2	原始场地标高	
3	基础持力层	
4	……	
5	降水和排水措施建议	
6	基坑开挖及边坡围护建议	
7	……	

第三节　主要相关方概况

识别项目主要相关方是识别所有受项目影响的人员或组织,并记录其岗位、主要职责、主要权限,以此评估相关人员在项目实施、交付使用等各环节的参与情况、影响力,以便在项目实施等各阶段能够积极推进项目。

项目主要相关方包括:项目当事人和其权益(受益或受损)受该项目影响的个人和组织。项目主要相关方既可能是项目的受益者,也可能是项目的风险承担者,甚至有可能是项目的受害者。项目班子成员的家庭成员也可视为项目主要相关方。

1. 发包方项目组织管理

(1) 发包方项目组织架构图(略)

(2) 发包方项目组织分工表

序号	姓名	岗位	主要职责	主要权限
1				
2				
3				
4				
5				

2. 监理方项目组织管理

(1) 监理方项目组织架构图(略)

(2) 监理方项目组织分工表

序号	姓名	岗位	主要职责	主要权限
1				
2				
3				
4				
5				

3. 设计方项目组织管理

(1) 设计方项目组织架构图（略）

(2) 设计方项目组织分工表

序号	姓名	岗位	主要职责	主要权限
1				
2				
3				
4				
5				

4. 施工管理方项目组织管理（指业主聘请的第三方管理、审计等咨询公司）

(1) 施工管理方项目组织架构图（略）

(2) 施工管理方项目组织分工表

序号	姓名	岗位	主要职责	主要权限
1				
2				
3				
4				
5				

第四节　沟通管理

沟通管理是指为确保项目信息及时且恰当地收集、生成、发布、存储、检索、管理、监督和最终处置的过程。为保持项目的计划与实施状况的透明性和实效性，要落实沟通策略，执行必要的活动。沟通管理的目的是为决策提供有效依据，为项目的组织活动提供保障，确保项目目标的实现。

沟通管理计划包括：项目主要相关方的沟通需求（需要沟通的信息）、方式、频率、责任人。沟通管理需要考虑为沟通管理分配的资源（包括时间和预算），在责任人无法解决问题时需要汇报的上级部门（分管领导），用于规定问题上报时限和解决时间的限制。

沟通管理是确定项目主要相关方的信息需求，并定义沟通方法的过程。沟通管理旨在对项目主要相关方的信息和沟通需求做出应对安排，如需要协调何种事项、何时需要、如何向他们传递，以及由谁传递。沟通管理是为满足项目主要相关方的需要而与之沟通、协作，并解决所发生的问题的过程：澄清并解决已经识别的问题；处理目前还没有成为问题但预计后阶段会成为问题的各类事项（进行风险评估、及时协商并解决）；通过与项目主要相关方协商并采取相应行动，使项目主要相关方形成统一的意见。

有效的沟通能在项目主要相关方之间架起一座桥梁，把具有不同文化和组织背景、不同技能水平以及对项目执行或结果有不同观点和利益的项目主要相关方联系起来，确保项目各项目标的实现。

沟通管理规划

序号	沟通对象	沟通需求	方式	频率	责任人
1	发包方	进度、质量、安全、成本……			
2	监理方				
3	设计方				
4	项目使用方				
5	施工管理方				
6	分包分供方				
7	政府主管部门				
8	项目内部管理人员				
9	公司分管、协助部门				
10	项目管理人员家庭成员				
11	项目周边居民、企业等				
12	……				

沟通频率：每天/每周/每月。
沟通方式：正式/非正式、书面(联系单/电子邮件)、会议/视频会议、电话/面谈等。

第五节　开工前手续

前期手续

序号	手续名称	进展情况	备注
1	国有土地出让证		
2	发改委计划批文		
3	用地规划许可证		
4	工程规划许可证		
5	环境评估报告		
6	绿化设计审核		
7	白蚁防治手续		
8	档案委托管理		
9	施工图纸审核		
10	消防设计审核		
11	直接发包或招标手续		
12	合同备案		
13	现场定位放线		
14	……		
15	质量监督手续		
16	安全监督手续		
17	施工许可证明		

注：具体以项目所在地政府主管部门要求为准。

第六节　风险分析

　　所有项目都有风险,风险管理是项目管理过程中的关键。项目团队应制定风险管理及应对措施,加强分包商职业健康安全、环保等风险管理,规避法律和经济风险;加强场地、清单工程量、设计图纸、手续等风险管理,减少、避免或提前解决与参建各方可能产生的矛盾;加强工期、质量、技术等风险管理,确保项目按合同要求履行。

　　项目风险管理的目的在于,识别并管理可能发生的风险,强调事前管理,降低风险产生的危害,避免风险的发生。为了对特定的风险进行有效管理,项目团队需要认清在努力实现项目目标过程中,什么级别的风险可以接受,什么级别的风险必须杜绝。在项目推进过程中风险会持续涌现,项目风险管理过程也应不断完善。

风险及应对措施分析

序号	分类	风险识别（描述）	应对措施（响应计划）
1	场地风险	坐标点、标高双方无书面手续或可能有误；地质资料与施工现场不符。地下可能有重要管线（国防光缆、电力、通信、雨污水）及文物；施工周边环境（建筑、高架桥、高压线等）及布局存在风险……	进场后对坐标点、标高及"三通一平"等及时进行复核并请业主及监理书面签认。查阅地勘报告，结合现场实际开挖情况，及时进行复核并请业主及监理书面签认……
2	技术风险		
3	工期风险		
4	质量风险		
5	安全风险		
6	环保风险		
7	分包风险		
8	成本风险		
9	材料价格		
10	清单工程量		
11	设计图纸		
12	合同风险		
13	市场风险		
14	竣工手续		
15	结算造价		
16	工程款回收		
17	交付使用		
18	……		

第七节　重点、难点分析

根据项目大小及难易程度,分析项目存在的重点、难点事项,并采取相应的应对措施,是对项目进行事前控制的关键。

重点、难点分析及措施

序号	重点、难点分析	应对措施
1	安全	
2	质量	
3	进度	
4	……	

第八节 项目部组建

一、项目部管理团队组建

（一）内容：项目组织架构设置、项目管理人员配备及岗位职责。

（二）依据：工程类别、项目规模及体量、施工内容及难度、质量及工期进度、项目管理定位、材料设备供应情况、资金情况、周边社会关系、公司管理体系及人力资源现状等。

（三）要求：按照项目启动临时设施施工、基础与主体结构施工、装饰装修与机电安装、配套附属与绿化、调试收尾与维修质保等五个阶段，动态调整总承包管理机构的岗位职责和工作内容，以适应总承包管理的要求。

二、项目部组织架构及岗位职责

（一）组织架构是组织各部门、岗位上下左右相互之间的关系。组织架构直观地显示谁管谁、谁配合谁的问题，没有固定格式，能够高效解决各项工作、推动项目进展的组织架构就是好的组织架构。

（二）制定组织架构，可以先确定部门设置，在部门职责明确的情况下，分解各岗位；也可先确定各岗位，在岗位职责明确的情况下，对应设置相应部门。

（三）整分合原则与最少岗位数原则。

在项目组织整体规划下实现岗位的明确分工，在分工基础上有效地综合，使各岗位职责明确又能同步协调，发挥最大的效能。

既考虑到最大限度地节约人力成本，又要尽可能地缩短岗位之间信息传递的时间，减少"滤波"效应，提高沟通与执行力。

（四）工作内容与职责。

1. 每个项目都有其特殊性，工作内容不尽相同，各有特点，但项目管理的基本工作内容还是有其固定性的，那就是在规定时间内，按合同要求完成建设方提供的合规的图纸范围内的工作。

2. 项目管理内容需分解到各工作岗位上，避免管理空白的同时，需避免管理工作的重复。同一工作涉及多人参与，需明确负责人与配合人。

3. 对岗位之间协同密切、配合度要求高的岗位，可设置部门负责人统一协调管理。

三、管理岗位设置案例

序号	部门	岗位名称	姓名	备注
1	项目经理部	项目负责人		
2	技术部	技术负责人		
		技术员		
		质检员		
		试验员		
		资料员		
3	生产部	生产负责人		
		施工员		
		测量员		
		机电员		
4	经营部	经营负责人		
		造价员		
		采购员		
		物资管理员		
5	安全综合部	安全负责人		
		安全员		
		劳资员		
		综合管理员		
6	财务部	出纳		
7	……	……		

注：部门与岗位职责，可以根据项目大小、特征、人员综合素质等进行调整。

四、职责样表

根据项目所在地行政法规、项目大小、各公司管理要求及组织架构与人员配置，岗位职责各有不同。下表职责仅供参考。

项目负责人/项目经理岗位说明书				
姓　　名		岗位名称	项目负责人/项目经理	
直接上级	公司项目分管领导	所在部门	项目经理部	
直接下级	项目部各部门负责人	所辖人数		
主要职责与工作任务				
职责	工作任务	1. 依据国家和地方政府的法律、法规、政策和行业规范、技术要求，以及公司的各项管理制度，全面负责工程项目的整体工作，代表公司完成企业下达的各项技术经济指标和管理目标。 2. 应具备相应任职资格，持证上岗，不断学习更新知识；带头遵守各项规章制度，严格按流程办事。 3. 作为项目管理的第一责任人，负责项目的安全、质量、进度、成本控制以及合同管理，并对资金回收、人才培养、项目竣工后的回访保修承担全部责任。 4. 负责项目人员的工作安排和绩效考核；建立一个"团结、自律、规范、高效"的优秀团队；同时接受公司的检查和考核。 5. 负责整个项目的组织协调，负责与地方政府职能部门、业主、监理、施工队之间的沟通工作，做好项目现场施工队伍的管理协调工作，确保项目顺利进行。 6. 负责组织项目各生产资源配置；组织编制项目施工方案、招标计划、采购计划及项目预算；做好全过程成本控制。 7. 组织并参与公司对项目各分包商和材料供应商的选择；严格控制施工过程中材料的质量和数量；严格控制项目施工过程及竣工的质量和进度；及时检查并改现场存在的安全隐患，纠正违规操作；及时组织做好施工过程中工程资料的整理、归档工作。 8. 主持召开项目部会议，及时解决项目部存在的生产、技术、质量、安全、成本、人员、资金等管理问题；检查督促各项会议工作的贯彻落实；按时上报公司要求的相关报表和资料。 9. 负责组织做好对竣工资料的整理、组卷、归档工作；负责组织做好工程结算、成本统计分析工作；负责组织做好施工队伍资金分配及清款工作；负责组织、协调和管理项目质保期内的保修、维修工作。 10. 准确、高效、及时地完成公司领导交办的其他工作。		
工作协作关系				
内部协调关系	协调各部门、各分包分供			
外部协调关系	地方政府职能部门、业主、监理、设计、勘察等相关方			

项目技术负责人岗位说明书				
姓　　名		岗位名称	技术负责人	
直接上级	项目负责人	所在部门	项目技术部	
直接下级	技术员、质检员、试验员、资料员	所辖人数		
主要职责与工作任务				
职责	工作任务	1. 依据国家和地方政府的法律、法规、政策和行业规范、技术要求，以及公司的各项管理制度，在公司领导和项目负责人领导下，全面负责项目部的技术管理和资料管理工作。 2. 技术负责人应具备相应任职资格，持证上岗，熟悉施工图纸、施工规范和质量检查验收评定标准，不断学习更新知识。 3. 负责项目质量控制、测量计量、试验管理、项目资料管理、项目竣工验收、项目信息管理；对项目施工技术、方案、图纸优化设计管理负主要责任。 4. 负责组织项目施工方案、施工组织设计、各项施工方案的编制工作；组织施工图设计、会审及技术交底工作。 5. 负责与业主、监理、设计院、相关建设主管部门等对接有关图纸及技术工作；负责对技术资料、技术文件、技术方案的报批工作。 6. 负责项目的施工技术管理、变更洽商管理、工程资料管理、图纸优化、技术创效、试验管理及科技推广应用等日常管理工作。负责组织项目科技创新与质量创优的申报工作，负责组织相关验收工作的资料完善。 7. 参与招投标工作，负责投标和选择项目各分包商、材料供应商过程中技术参数（规格、型号、技术、工艺要求、标准）的完善和质量要求的完善及审核。 8. 施工过程中参与工程验收和材料验收，督促及时进行合格材料的报验，不合格材料及时退场；对工程项目的技术难点进行分析，并提出最优化方案。 9. 及时办理图纸变更，完善技术资料和其他工程档案资料的整理、组卷及归档工作，负责竣工图的编制。 10. 准确、高效、及时地完成项目负责人交办的其他工作。		
工作协作关系				
内部协调关系	协调部门内部工作；协调项目各部门及各分包分供涉及技术的工作事项			
外部协调关系	设计及相关主管部门			

项目生产负责人岗位说明书			
姓　　名		岗位名称	生产负责人
直接上级	项目负责人	所在部门	项目生产部
直接下级	施工员、测量员、机电员	所辖人数	
主要职责与工作任务			
职责	工作任务	1. 依据国家和地方政府的法律、法规、政策和行业规范、技术要求以及公司的各项管理制度,在公司和项目负责人领导下全面负责项目部工程施工安全、进度、质量的控制,全面参与项目材料和成本控制的管理。 2. 生产负责人应具备相应任职资格,不断学习更新知识。贯彻执行施工生产计划指令,并对信息进行反馈。对整个项目的安全、进度、质量、生产过程中的成本控制管理工作负主要责任。 3. 负责施工前根据合同工期要求编制单体进度计划,组织编制周、月生产计划及材料需用计划并监督执行;负责安排材料领用、签收,对材料计划及领料严格审核。 4. 负责监控项目施工过程中的安全、文明制度的贯彻落实,杜绝安全责任事故的发生,参与安全事故的调查处理。 5. 负责安排施工、测量工作,负责项目质量管理工作,参与项目质量事故处理分析,检查、督促质量问题的整改。 6. 负责项目机械设备的安装、调配和使用等管理工作;负责土建、安装、装饰施工管理全过程的人、机、料、法、环的总体现场协调工作;负责督促作业队伍严格按合同及交底组织施工。 7. 对进场各工种施工人数做到及时准确动态掌握,并形成工作报表;负责对工程分包单位的管理和控制;参与对工程分包单位的选择、评价和考核;参与项目部相关合同履行的评价。 8. 负责已完工程量的统计;负责现场零星工程签证的控制和确认;负责分包分供单位进度款的申请;负责工程竣工时现场施工管理资料的整理归档。 9. 做好现场与监理、专业分包等相关单位的协调工作,施工过程中根据施工进度及时通知监理等相关单位验收,保证工程施工顺利进行。 10. 准确、高效、及时地完成项目负责人交办的其他工作。	
工作协作关系			
内部协调关系	协调部门内部工作;协调项目各部门及各分包分供涉及生产的工作事项		
外部协调关系	涉及生产的相关主管部门		

项目经营负责人岗位说明书				
姓　　名		岗位名称		经营负责人
直接上级	项目负责人	所在部门		项目经营部
直接下级	造价员、采购员、仓库管理员	所辖人数		
主要职责与工作任务				
职责	工作任务	1. 依据国家和地方政府的法律、法规、政策和行业规范要求，以及公司的各项管理制度，在公司领导和项目负责人领导下，全面负责项目部分包分供方招标、分包分供方合同、预决算、成本监控、材料管控工作，并负主要责任。 2. 参与项目经理部与甲方业主的合约谈判，组织项目主合同交底。 3. 负责项目的招投标和合同管理工作，根据相应合同版本编写各类专业分包合同及材料设备采购合同。 4. 负责组织材料设备供应商、项目部分包单位及劳务队伍的考核。 5. 负责项目施工成本核算工作，对项目成本进行阶段性预控和预测；向项目领导分阶段提供材料成本消耗情况。 6. 分管材料采购、仓库管理。负责项目成本的分析和过程控制工作，及时提供成本费用资料，为项目管理班子提供决策依据。 7. 负责对项目的各项费用、物资采购和报销凭证进行审核，负责对经济往来联系单的数据进行核对，为项目管理班子提供决策依据。 8. 负责对上签证的办理，对下签证的审核工作。负责对接业主造价，跟踪审计等部门。 9. 负责过程中工程量的上报审核，负责项目预决算的编制工作，跟踪审核、审批工作。 10. 准确、高效、及时完成项目负责人交办的其他工作。		
工作协作关系				
内部协调关系	协调部门内部工作；协调项目各部门及各分包分供涉及经营的工作事项			
外部协调关系	涉及造价的相关主管部门			

项目安全负责人岗位说明书				
姓　　名		岗位名称		安全负责人
直接上级	项目负责人	所在部门		项目安全综合部
直接下级	安全员、劳资员、综合管理员	所辖人数		
主要职责与工作任务				
职责	工作任务	1. 依据国家和地方政府的法律、法规、政策和行业规范、技术要求以及公司的各项管理制度,在公司和项目负责人的领导下,负责职业健康安全、环境保护及消防管理、项目安全和文明生产,以及实名制与人事劳资管理工作。 2. 安全负责人应具备相应任职资格,持证上岗;掌握国家和当地政府关于建筑工程行业的政策、行业规范、技术要求;不断学习更新知识。 3. 协助项目负责人建立项目安全管理体系,配合项目负责人与各施工队伍安全协议的签订;严格执行安全规章制度,并承担主要责任。 4. 负责安全措施费用投入的预算编制;负责项目部施工现场用水、用电的统计。 5. 负责安全防护方案及安全措施的编制;督促安全员建立安全工作台账,及时续写和整理安全日志和资料,做好安全资料的整理归档。 6. 配合项目部对安全用品和劳动保护用品的采购;监督落实安全设施的设置和作业人员劳动保护用品、用具的正确使用;负责对工程重大危险源进行辨识和标识。 7. 负责督促每日的安全生产、文明施工、环保工作的检查及整改。 8. 负责督促项目部做好劳务队伍和作业班组的安全交底;对特殊工种上岗证进行管理登记,组织全员安全教育;负责督促做好实名制管理及书面资料的完善。 9. 负责与建设安全主管部门的对接;对于发现的重大安全隐患,有权向企业安全生产管理部门报告;组织安全事故的调查和处理,并负责处理意见的落实;依法报告生产安全事故情况。 10. 准确、高效、及时地完成项目负责人交办的其他工作。			
工作协作关系				
内部协调关系	协调部门内部工作;协调项目各部门及各分包分供涉及安全及劳资的工作事项			
外部协调关系	涉及安全及劳资的相关主管部门			

项目技术员岗位说明书				
姓　　名		岗位名称	技术员	
直接上级	技术负责人	所在部门	项目技术部	
直接下级	—	所辖人数		
主要职责与工作任务				
职责	工作任务	1. 依据国家和地方政府的法律、法规、政策和行业规范、技术要求，以及公司的各项管理制度，在项目负责人和技术负责人领导下，负责项目部日常技术工作。 2. 技术员应具备相应任职资格，持证上岗；熟悉施工图纸、施工规范和质量检查验收评定标准；不断学习更新知识。 3. 参与编制施工组织设计，负责编制专项施工方案和分部工程施工方案。 4. 负责每月对项目资料进行自检并记录，运用统计分析对可能产生的不合格原因进行分析，制定纠正或预防措施，并进行跟踪检查。 5. 负责复核建筑物标高、轴线等测量工作，并督促作业队做好有关工程资料。 6. 组织对劳务班组的分部、分项工程技术进行交底，并检查实施情况。 7. 负责对项目部所使用的规范、规程、标准、图集的有效版本进行有效控制。 8. 及时完成项目负责人交办的其他工作。		
工作协作关系				
内部协调关系	协调各分包分供涉及技术的工作事项			
外部协调关系				

项目质检员岗位说明书				
姓　　名		岗位名称	质检员	
直接上级	技术负责人	所在部门	项目技术部	
直接下级	—	所辖人数		
主要职责与工作任务				
职责	工作任务	1. 依据国家和地方政府的法律、法规、政策和行业规范、技术要求以及公司的各项管理制度,在项目负责人和技术负责人领导下完成现场质检保证体系及质量管理总体计划。 2. 质检员应具备相应任职资格,熟悉国家和当地政府关于建筑工程行业的政策、行业规范、技术要求,不断学习更新知识。 3. 接受公司的业务指导和工作质量监督,严格按图纸和相关规范要求施工,对工程质量负主要责任。 4. 熟悉工程施工图纸和其他有关文件资料,参加施工技术交底、质量交底会议;协助项目技术负责人建立项目质量保证体系,执行质量管理规章制度。 5. 督促施工班组认真执行自检、互检、交接检,发现质量问题及时要求整改、返工,督促施工员及时做好分部、分项工程质量评定。参加工序交接验收、预验收、竣工验收等工作。 6. 认真履行施工过程质量检查职责;监督施工方案、质量安全技术措施贯彻执行情况;巡查工地,检查工序质量,填写质检施工记录。 7. 负责监督日常检查,公司质量大检查中施工人员违反规范、技术要求的操作和相关质量问题,采取纠正、处罚和预防措施,并进行跟踪检查。 8. 发现重大质量隐患及时向项目部汇报,组织质量事故调查和处理,并负责处理意见的落实。 9. 负责做好有关质量文件、资料的整理及归档工作;负责配合项目部对施工班组劳动结算单中质量等级的核定工作。 10. 准确、高效、及时地完成项目负责人交办的其他工作。		
工作协作关系				
内部协调关系	协调各分包分供涉及质检的工作事项			
外部协调关系				

项目试验员岗位说明书				
姓　　名		岗位名称		试验员
直接上级	技术负责人	所在部门		项目技术部
直接下级	—	所辖人数		
主要职责与工作任务				
职责	工作任务	1. 依据国家和地方政府的法律、法规、政策和行业规范、技术要求以及公司的各项管理制度，在项目负责人和技术负责人领导下工作，对进场材料资料（厂家、合格证、批次、检验报告等）进行检查，及时做好现场检测资料的整理。 2. 试验员应具备相应任职资格，持证上岗，熟悉国家和当地政府关于建筑工程行业的政策、行业规范、技术要求，不断学习更新知识。 3. 严格按照有关规范流程进行材料报验，对工程竣工试验资料的详实性负责。 4. 负责编制试验计划，建立试验台账。负责计量器具台账，并标明分布情况和仪器状态，督促项目人员正确使用并妥善保管，负责计量器具的送检和比对，负责粘贴标志，确保计量器具处于受控状态。 5. 负责标养室的设置及提交标养室计量、监测、试验设备的采购计划。负责对混凝土试块的常温试验制作、养护、送试及冬季施工条件试块的制作、留置、养护、送试。 6. 负责工程所需原材料、试件（块）在监理工程师的见证下进行各项取样及试验；并确保取样送检符合国家、地方政府主管部门及公司规定，将合格结果经资料员提交监理工程师。 7. 负责对进场材料见证取样、试验、复试检验。对复检材料、试块达不到规定指标和设计要求的应及时汇报。 8. 负责将各种材料的检验报告、施工配合比及时提供给有关施工技术人员、材料人员并交资料员保存。 9. 对全部工程项目的各种试验结果进行统计和分析整理，建立全部工程的试验资料档案，为工程竣工提供详实的试验资料。 10. 准确、高效、及时地完成项目负责人交办的其他工作。		
工作协作关系				
内部协调关系	协调各分包分供涉及试验的工作事项			
外部协调关系				

项目资料员岗位说明书			
姓　　名		岗位名称	资料员
直接上级	技术负责人	所在部门	项目技术部
直接下级	—	所辖人数	
主要职责与工作任务			
职责	工作任务	1. 依据国家和地方政府的法律、法规、政策和行业规范、技术要求以及公司的各项管理制度,在项目负责人和技术负责人领导下负责项目部所有资料的编制、收集、汇总工作。 2. 资料员应具备相应任职资格,熟悉国家和当地政府关于建筑工程行业的政策、行业规范、技术要求,不断学习更新知识。 3. 资料员对项目资料的编制、收集、汇总、竣工时资料的归档负主要责任。 4. 配合项目部相关人员编制施工方案,配合做好技术交底;负责跟踪施工方案文件的报批。 5. 负责业主和监理、施工队伍日常施工文件资料及来往函件的打印、整理、回复工作,传送相关人员审阅,保证资料完整准确并形成清单目录。 6. 确保施工资料与工程施工同步,及时办理业主、分包分供方的变更等,及时收集整理资料并形成整理清单。 7. 负责每月一次定期对所有工程资料、档案进行全面的收集、清理、汇总工作,确保工程资料完整,查阅方便,发现不齐全应及时汇报,确保资料与进度同步。 8. 工程竣工验收前,负责工程竣工资料的收集、整理、汇总、组卷装订成册及归档工作。 9. 配合做好现场材料的送检工作。 10. 准确、高效、及时地完成项目负责人交办的其他工作。		
工作协作关系			
内部协调关系	协调各分包分供涉及资料的工作事项		
外部协调关系			

项目施工员岗位说明书				
姓　　名		岗位名称	施工员	
直接上级	生产负责人	所在部门	项目生产部	
直接下级	—	所辖人数		
主要职责与工作任务				
职责	工作任务	1. 依据国家和地方政府的法律、法规、政策和行业规范、技术要求以及公司的各项管理制度,在项目负责人和生产负责人领导下,负责所辖范围内进度、质量、安全、现场文明施工、成本控制工作,并承担主要责任。 2. 施工员应具备相应任职资格,掌握国家和当地政府关于建筑工程行业的政策、行业规范、技术要求,不断学习更新知识。 3. 熟悉图纸并严格按设计图纸和施工规范、施工工艺、质量标准、工程进度计划及施工方案组织施工。 4. 施工过程中,深入施工现场了解施工安全、质量、进度及材料用量、人员到岗情况,发现问题采取相应措施及时整改。 5. 对各施工队的放线进行指导、核实,负责放线测量资料的会签归档。 6. 每天详细记录施工日记,保证工程施工过程中工程资料的完整性、准确性和可追溯性,并及时移交项目资料员及有关部门。 7. 参加每日生产例会;参与班组技术交底;协调分管范围内工作,确保安全、质量、工期、过程中成本控制的履约;协助项目经营部做好结算工作。 8. 严格按公司要求做好材料验收、限额用料等工作,做好成本控制;对材料实际使用量超出正常损耗和计划使用量的,及时查明原因并整改落实,同时形成书面资料。 9. 对于所辖片区的场地严格按规划要求进行布置、管理,落实本专业施工过程中的成品保护工作。 10. 准确、高效、及时地完成项目负责人交办的其他工作。		
工作协作关系				
内部协调关系	协调各分包分供涉及施工的工作事项			
外部协调关系				

项目测量员岗位说明书				
姓　　名		岗位名称	测量员	
直接上级	生产负责人	所在部门	项目生产部	
直接下级	—	所辖人数		
主要职责与工作任务				
职责	工作任务	1. 依据国家和地方政府的法律、法规、政策和行业规范、技术要求以及公司的各项管理制度，在项目负责人和生产负责人领导下工作，负责及时整理完善基线复核、测量记录等测量资料，负责垂直观测、沉降观测，并记录整理观测结果。 2. 测量员应具备相应任职资格，熟悉国家和当地政府关于建筑工程行业的政策、行业规范、技术要求，不断学习更新知识。 3. 负责测量仪器的核定、校正；做好测量仪器的使用和检测台账，保管好测量仪器和工具。 4. 协助编制测量方案，对测量数据及现场测量放线的准确性负责。 5. 负责组织分包队伍一起对测量控制点进行实地校测。 6. 认真复测业主提供的各个坐标控制点和水准点，并建立测量复核网格；根据各控制点对整个施工现场进行控制网的闭合测量与设置。 7. 紧密配合施工，测量前熟悉设计图、校核图纸；熟悉施工部署，做好并负责检查施工各阶段的放线、验线工作。 8. 负责工程建筑物的定位和高程测量工作；正确施放各幢房屋等建筑物控制点的位置和标高。 9. 全面汇总和保存工程测量成果，形成测量资料并归档。 10. 准确、高效、及时地完成项目负责人交办的其他工作。		
工作协作关系				
内部协调关系	协调各分包分供涉及测量的工作事项			
外部协调关系				

项目机电员岗位说明书				
姓　　名		岗位名称		机电员
直接上级	生产负责人	所在部门		项目生产部
直接下级	—	所辖人数		
主要职责与工作任务				
职责	工作任务	1. 依据国家和地方政府的法律、法规、政策和行业规范、技术要求以及公司的各项管理制度，在项目负责人和生产负责人的领导下工作，负责对机电安装工程施工的安全、进度、质量、成本进行控制。 2. 机电员应具备相应任职资格，熟悉行业政策、行业规范、技术要求，不断学习更新知识。 3. 协调好安装工程施工过程中与其他专业分包方、监理单位、设计单位等各方的关系。 4. 负责机电安装工程的安全、质量、进度、成本控制工作及总包管理；合理安排班组施工、协调交叉作业，负责相关工序的预验收。 5. 负责所用材料的提前申报工作，负责整理与机电工程的技术核定、签证、设计变更等相关的文件，并协助做好资料验收工作。 6. 负责督促办理设备进出场手续、设备的报验，建立设备进出场台账，操作人员花名册，负责组织机械设备的安全验收、使用、维护和日常保养工作。 7. 负责机电施工组织设计和相关技术文件的编写，参与设计交底和图纸会审工作及施工技术方案的制定。 8. 负责建立和维护满足要求的生产、生活的临时用水、用电及临时消防系统。 9. 参加工程质量与安全的管理，督促现场文明施工，对所用材料的质量、堆放、完工后的清场进行指导、监控。 10. 准确、高效、及时地完成项目负责人交办的其他工作。		
工作协作关系				
内部协调关系	协调各分包分供涉及机电安装的工作事项			
外部协调关系				

项目造价员岗位说明书				
姓　　名		岗位名称		造价员
直接上级	经营负责人	所在部门		项目经营部
直接下级	—	所辖人数		
主要职责与工作任务				
职责	工作任务	1. 依据国家和地方政府的法律、法规、政策和行业规范、技术要求以及公司的各项管理制度,在项目负责人和项目经营负责人领导下工作,对分包分供方招标、施工合同、预决算、成本控制、材料管控工作负主要责任。 2. 造价工程师应具备相应任职资格,持证上岗,熟悉国家和当地政府关于建筑工程行业的政策、行业规范、技术要求,深入理解合同,不断学习更新知识。 3. 参与项目主合同交底;参与分包分供方合同的起草与管理;参与项目部的招投标管理工作。 4. 负责编制项目预算、项目总成本控制计划;编制分包分供方工程量清单及招标控制价。 5. 负责项目过程中的成本控制和核算工作,对项目成本进行阶段性预控和预测;比较分析施工材料实际用量和定额用量,分阶段编制材料成本消耗情况报表并上报,为成本分析提供依据。 6. 参与对项目部材料设备供应商的考核;参与对项目部分包单位及劳务队伍的考核。 7. 参与对项目的各项费用、物资采购和报销凭证的审核工作。 8. 负责办理业主的签证与索赔;负责审核分包分供方的签证与索赔;负责向业主申报进度款;负责审核分包分供方工程款、材料款的支付申请。 9. 收集整理施工过程中与结算有关的所有资料并编制结算书,将完整的结算资料上报。负责项目班组结算的审核,并建立结算台账。 10. 准确、高效、及时地完成项目负责人交办的其他工作。			
工作协作关系				
内部协调关系	协调涉及造价的工作事项			
外部协调关系				

项目采购员岗位说明书			
姓　　名		岗位名称	采购员
直接上级	经营负责人	所在部门	项目经营部
直接下级	—	所辖人数	
主要职责与工作任务			
职责	工作任务	1. 依据国家和地方政府的法律、法规、政策和行业规范、技术要求以及公司的各项管理制度,在项目负责人和项目经营负责人领导下,负责项目材料的采购。 2. 材料员应具备相应任职资格;掌握国家和当地政府关于建筑材料的政策、行业规范、技术要求;掌握市场材料价格信息;不断学习更新知识。 3. 负责材料市场调研、询价和比价,对材料的质量、价格、进场数量、进场时间、实际使用量及相关资料的整理负主要责任。 4. 负责对项目采购权限内的物资分供方进行考察、推荐、选择、评价;负责按审批的需用计划(数量、价格)并结合库存采购材料;对采购的材料、设备的质量和价格进行管控。 5. 配合制定材料采购总计划和材料采购月计划;对材料采购量和计划使用量进行统计分析比较,并形成每月报表;对超出计划用量的需督促项目及时分析并采取措施。 6. 负责采购合同的起草,建立采购合同台账和物资进出场台账;负责做好进场材料、设备的验收;配合材料的报验工作,对有关数据、信息进行记录,并及时移交相关资料。 7. 根据物资需用计划和工程进度组织材料进场和供应,牵头工程材料的资料经资料员提交监理和业主认可;配合做好取样送检工作。 8. 参与施工中材料管理,做到现场材料堆放整齐,杜绝浪费。 9. 配合材料耗量分析、材料报表、材料成本分析工作。协助项目部对材料成本进行对账、审核。 10. 准确、高效、及时地完成项目负责人交办的其他工作。		
工作协作关系			
内部协调关系	协调涉及采购的工作事项		
外部协调关系			

项目物资管理员岗位说明书			
姓　　名		岗位名称	物资管理员
直接上级	经营负责人	所在部门	项目经营部
直接下级	—	所辖人数	
主要职责与工作任务			
职责	工作任务	1. 依据国家和地方政府的法律、法规、政策和行业规范、技术要求以及公司的各项管理制度,在项目负责人和项目经营负责人领导下,负责办理材料出入库的验收、审核、签字等工作,严格执行公司管理制度。 2. 物资管理员应具备相应任职资格;掌握国家和当地政府关于建筑工程行业的政策、行业规范、技术要求;掌握市场材料信息;不断学习更新知识。 3. 对到场的材料认真清点,将质量、数量、型号、规格等符合要求的材料办理入库、出库手续;并承担主要责任,对信息的准确性、真实性负全责。 4. 负责项目所有进场物资的计量、质量的验收工作,并建立物资管理台账,保证入库、出库手续齐全;做到账物相符,并将相关信息(材料名称、数量、供货商等)以月报形式上报公司。 5. 负责公司物资进出审核制度、回收制度和保管制度的修改建议。 6. 根据采购合同和材料验收规程的要求,会同采购员、生产负责人、分包队伍材料人员认真清点数量,及时办理物资验收凭证。建立物资进销存账,定期进行材料盘点,填报相关报表,参与耗量对比分析、材料报表和成本分析。 7. 搞好限额领料,做到定期盘点、账物相符,并做好有关质量记录、材料标识;定期对工程废料进行统计,工程废料不得擅自处理,负责剩余材料的回收、调拨、废旧物资报废申请。 8. 负责及时掌握器材、物品的消耗情况及库存量,及时反映低值易耗物品的用量,以便及时采购补充。 9. 负责采取相关措施,防止物资在使用或交付前的损坏和变质;做到库容明净整洁、安全、防火、防盗、防破坏;材料堆放整齐有序。 10. 准确、高效、及时地完成项目负责人交办的其他工作。		
工作协作关系			
内部协调关系	协调涉及物资管理的工作事项		
外部协调关系			

项目安全员岗位说明书			
姓　　名		岗位名称	安全员
直接上级	安全负责人	所在部门	项目安全部
直接下级	—	所辖人数	
主要职责与工作任务			
职责	工作任务	1. 依据国家和地方政府的法律、法规、政策和行业规范、技术要求以及公司的各项管理制度，在项目负责人和安全负责人的领导下，负责职业健康安全、环境保护和管理、项目安全和文明生产。 2. 安全员应具备相应任职资格，持证上岗；掌握国家和当地政府关于建筑工程行业的政策、行业规范、技术要求；不断学习更新知识。 3. 协助安全负责人建立项目安全管理工作体系，执行安全规章制度。 4. 对特殊工种上岗证进行管理，组织新员工进场安全教育，合格后方能上岗。 5. 负责工程的安全生产、文明施工、环保工作检查，对隐患提出整改通知并督促落实。 6. 组织对工程重大危险源进行辨识和标识；对施工现场存在的安全隐患督促整改。 7. 负责现场施工安全生产日常检查并做好检查记录；对作业人员违规违章行为有权予以纠正或查处。 8. 按照施工组织设计或专题方案，督促项目部和作业队执行安全交底、安全检查和安全施工。 9. 建立安全工作台账，及时填写和整理安全日志和资料。 10. 准确、高效、及时地完成项目负责人交办的其他工作。		
工作协作关系			
内部协调关系	协调涉及安全生产的工作事项		
外部协调关系			

项目综合管理员岗位说明书			
姓　　名		岗位名称	综合管理员
直接上级	安全负责人	所在部门	项目安全部
直接下级	—	所辖人数	
主要职责与工作任务			
职责	工作任务	1. 依据国家和地方政府的法律、法规、政策和行业规范、技术要求以及公司的各项管理制度，在项目负责人和安全负责人领导下负责后勤保障、人员接待工作。 2. 对项目部办公、行政后勤工作、生活区宿舍及食堂管理负主要责任。 3. 负责食堂的管理工作和集体宿舍的管理、调配工作。 4. 负责办公区域、生活区域的安全、保卫、消防工作。 5. 配合项目部制定项目部行政办公及后勤保障费用的预算，严格按公司要求控制费用开支。 6. 配合项目部做好项目的各项检查与接待工作。 7. 定期检查食堂，做好食堂满意度调查，提高食堂供应质量和服务。 8. 配合安全检查，确保办公区与生活区的安全文明。 9. 配合项目负责人召开办公例会，负责传达并落实公司各项制度和要求，并及时进行反馈。 10. 准确、高效、及时地完成项目负责人交办的其他工作。		
工作协作关系			
内部协调关系	协调涉及生活及后勤保障的工作事项		
外部协调关系			

项目劳资员岗位说明书				
姓　　名		岗位名称		劳资员
直接上级	安全负责人	所在部门		项目安全部
直接下级	—	所辖人数		
主要职责与工作任务				
职责	工作任务	1. 依据国家和地方政府的法律、法规、政策和行业规范、技术要求以及公司的各项管理制度，在项目负责人和安全负责人领导下全面负责项目部实名制及劳资工作。 2. 准确掌握国家和地方政府关于实名制及劳资工作的制度和政策，严格落实主管部门文件内容。负责配合主管部门对项目实名制管理的监督、检查。 3. 负责作业队进场的登记、注册，建立工人花名册并办理相关证件；负责劳务人员资格审查。 4. 监督劳务人员劳动合同的签订、变更、解除、终止及社会保险等工作。督促工人做好实名制考勤。 5. 每月核对劳务人员花名册、人员增减台账、新增人员身份证、劳动合同、考勤表、工资表、工资发放、退场结算等清单。 6. 负责督促工人"工资卡"的办理，督促分包单位提供工人工资委托付款手续。负责劳动力统计报表、劳务费结算支付报表；严格落实劳务费月结月清工作，每月编制工资单并汇总，经工人、班组及项目负责人确认签字，跟踪财务支付。 7. 收集整理劳务费支付凭证并归档保存；负责汇总、整理、移交劳务管理资料。 8. 做好劳务纠纷隐患排查工作；预防并参与解决各类劳资问题，及时处理各类劳资突发事件，负责工伤事故的善后工作。 9. 负责协助项目负责人对项目管理人员及相关人员的日常考勤及绩效考核工作。 10. 准确、高效、及时地完成项目负责人交办的其他工作。		
工作协作关系				
内部协调关系	协调涉及实名制及劳资的工作事项			
外部协调关系				

第二章　现场规划

现场规划方案包含：CIS(Corporate Identity System，企业形象识别系统，有时简称为CI)规划、现场临建方案、办公设备配置方案、管理人员生活设施配置方案、临水临电方案、视频监控及安保方案、现场收尾，以及相应的费用预算。

现场规划涉及的平面布置包含办公区平面布置图、生活区平面布置图、施工区平面布置图。其中施工区平面布置图分为地基与基础阶段平面布置图、主体结构阶段平面布置图、装饰装修与机电安装阶段平面布置图、附属配套工程阶段平面布置图。临时水电平面布置图包含办公与生活区临时水电平面布置图、施工区临时水电(含雨污排水)平面布置图。

临时设施包括临时办公、宿舍及卫生等临时现场生活服务设施、仓库等。当项目现场由于场地限制不具备临时办公及生活区设置条件时，需根据合同条款约定，配合业主或自行与周边村委、社区、当地行政管理部门协商，解决临时用地相关手续，建设临时设施。

项目部按照合同约定及现行规范和标准要求，充分利用相应资源完成临时工程设施的建设。项目部按计划组织现场施工准备工作，落实现场规划方案，在现场道路、临电、临水、临时办公、临时生活服务设施(宿舍、卫生设施)、仓库、围墙、保安设施等落实到位，施工许可办理到位，现场施工条件具备的情况下，通过监理单位向建设单位提出开工申请。

第一节　现场规划方案

一、CI 规划方案

1. CI 规划的基本要求和做法：

公司有 CI 标准或相应制度要求的，按公司相关要求执行。同时结合项目所在地主管部门相关要求，编制 CI 规划方案。

2. CI 规划内容：

区域范围	涉及内容	备注
办公区	围墙、大门、门卫、停车场及车辆出入道闸、旗台、会议室、办公室、洗手间、绿化景观等场所的 CI 布置	需满足项目所在地主管部门相关要求
生活区	围墙、大门、门卫、宿舍、食堂、生活超市、卫生间、淋浴房、洗衣房、工人学校、小型工具充电集中区、停车场及车辆出入道闸、运动场等场所的 CI 布置	
施工区	围墙、大门、门卫、实名制通道、洗车池及车辆冲洗抓拍系统、泵管泵车污水收集池、建筑垃圾堆放场、地磅、各工种加工棚、塔吊、升降机、配电箱、临时消防管网、安全通道、扬尘喷雾机/高压旋转喷雾系统、样品展示区、道路、施工区卫生间、办公室及仓库等场所的 CI 布置	

3. 编制 CI 规划工作计划，见附表 2-1。

二、现场临建方案

（一）总则

1. 需在熟悉合同前提下：明确质量、安全、进度目标，在确定目标前提下，综合考虑临建方案。

2. 在用地范围红线内，根据经济适用、适度从紧、多绿化少硬化的原则，综合考虑，减少对原地貌的破坏；结合后期永久性场地，采取永久与临时设施相结合的方式，综合考虑场地布置，确定临建方案。

3. 在用地范围红线外布置临建时，需办理临时用地许可证及相关手续。在业主预留地或业主指定地点布置临建时，需事先征得业主、监理书面确认。

4. 办公区、生活区、施工区彼此之间设置隔离设施；办公区与管理人员生活区布置在一起的，二者之间也需考虑设置隔离。根据总体布局效果，经项目所在地主管部门同意，办公区可以不做围墙。

5. 工期紧、任务重的项目，宿舍区无法有效周转，需考虑宿舍区短时间内最大接待住宿人员的数量,是否与施工高峰期工人的数量一致。大型群体工程和施工周期较长、风险较大、预计可能顺延工期的项目,遵循整体规划、分部实施的原则。

6. 项目部内部管理人员办公室及宿舍、作业人员宿舍由项目部统一考虑。总包自行分包管理人员办公室在办公区考虑,宿舍布置在作业人员生活区。公司内部分包及总包方自行分包的库房由总包方统一考虑。甲指分包工程根据工作量大小预留办公室,管理人员及作业人员生活区可由分包方自行解决(如场地允许情况下需预留搭设用地或尽量综合考虑),总包合同有规定的按照合同约定。

(二)办公区临建方案

1. 内容包括:布置场地平面、办公室及会议室、洗手间、门卫室、旗台、停车场及车辆出入道闸、运动区、围墙及场地绿化等工作内容。

2. 确定办公室、会议室标准及数量:

(1)根据合同中总包方提供的业主、设计、监理方的临建约定,确定业主、设计、监理方的办公室数量;

(2)根据项目部组织架构及职责、项目所属公司关于办公室配置标准的规定,确定总包方办公室的组合方式及数量;

(3)根据分包合同及分包方式以及分包方的临建安排情况,确定分包方办公室的数量;

(4)根据总包合同要求及总包方、业主、监理、分包方召开监理例会的人数,确定会议室的大小,并综合考虑是否设置小型会议室。

3. 了解临建现场情况:地形、场地尺寸、给水、排水、供电、监控等内容。

4. 综合考虑办公区人员住宿与饮食,如因场地限制,可考虑在生活区临建。

5. 确定办公区临建方案:确定办公区临建平面布置方案,编制平面布置图。

(三)生活区临建方案

1. 内容包括:布置场地平面、宿舍及工人学校、食堂及就餐区、淋浴房、卫生间及洗漱间、门卫室、停车场及运动活动场地、围墙及场地绿化等工作(甲指分包方生活区可由分包方自行负责,在场地允许情况下,尽量综合考虑)。

2. 平面布置要求:如场地允许,管理人员生活区与办公区尽量设置在一起,可按办公区靠前、生活区靠后平面布置原则设置。

3. 管理人员生活区的规划:

(1)根据项目部组织机构和职责和公司要求,确定管理人员宿舍数量;

(2)根据合同中总包方提供的业主、设计、监理方的临建约定,确定业主、设计、监理方的宿舍数量;

(3)管理人员生活区临建方案的确定:确定管理人员生活区临建平面布置方案,编制平面布置图。

4. 作业人员生活区规划：

(1) 根据施工部署、工程量、施工面积、工期等因素确定作业人员数量，再根据当地政府部门对作业人员宿舍面积的规定，结合实际情况，确定作业人员宿舍数量和作业人员宿舍临建方案；

(2) 根据分包方案确定施工人员食堂设置方案及平面布置；

(3) 根据规定确定作业人员淋浴房、洗漱间、卫生间的配置方案；

(4) 设置生活区小卖部及洗衣房，在场地允许情况下，确保相应消防条件，可以集中设置自助餐饮区（工人做饭区域）；

(5) 确定作业人员生活区临建平面布置方案，编制平面布置图。

(四) 施工区临建方案

1. 内容包括：围墙及大门、门卫、现场值班室、现场办公室、现场卫生间及移动厕所、实名制通道、环境监测系统、扬尘喷雾机/高压旋转喷雾系统、样品展示区、洗车池（洗车槽）及车辆冲洗抓拍系统、泵管泵车污水收集池、建筑垃圾堆放场、地磅、场地硬化、原材料及半成品堆场、周转材料堆场、库房、标养室、各工种加工棚、垂直运输机械（塔吊、升降机）、硬化混凝土输送泵设置点场地、安全围护、道路及安全通道等平面布置情况。

2. 周转材料堆场布置原则：点多面小（多设置点位，方便施工就地取材；面积不宜过大）。

3. 根据施工区平面布置、分包方案、施工区段划分等内容及其他相关要求，确定施工区临建方案，编制平面布置图。

4. 平面图编制要求：应根据施工不同阶段（地基与基础、主体结构、安装及装饰、附属配套工程），分阶段进行施工区平面布置及场内交通布置，并绘制施工区平面布置图，必要时，根据合同节点要求增加平面布置图。

(五) 临建装饰及绿化方案

1. 内容包括：办公区及生活区室内地面、顶棚装饰工作；室内外绿化布置。

2. 根据建设单位合同要求、项目创优要求、项目重要程度，确定临建装饰及绿化方案。

(六) 现场临建工作计划（见附表2-2）

三、办公设备配置方案

1. 内容包括：采暖及空调布置、办公桌椅、会议桌椅、沙发、茶几、文件柜、电视机（显示屏）、复印机、打印机、电话、照相机、网络及监控设备、投影设备等配置情况。

2. 根据项目办公设施配置预算。

3. 根据合同中总包方提供的业主、设计、监理方的临建约定，确定业主、设计、监理方的办公设施方案。

4. 涉及业主分包的办公设施,可由总包统一配置(总包合同有规定的按照合同约定)。

5. 办公设施配置工作计划见附表2-3。

四、管理人员生活设施配置方案

1. 内容包括:厨房设备(根据实际需要考虑是否配置)、洗衣机、洗浴设备等配置情况(分包方管理人员的生活设施可由总承包综合考虑,总包合同有规定的按照合同约定)。

2. 根据工期、管理人员数量等,确定项目管理人员生活设施配置方案。

3. 根据合同中总包方提供的业主、设计、监理方的临建约定,确定业主、设计、监理方的管理人员生活设施配置方案。

4. 管理人员生活设施配置工作计划见附表2-4。

五、临水临电方案

(一)编制依据

临水临电方案主要编制依据是:甲方提供的施工图纸、电源、水源;平面布置、施工部署、主要施工方法;现行国家相关标准规范。

(二)基本要求

必须综合考虑平面布置、施工部署、主要施工方法、地质条件及分包工程的要求,确保主线路(包括预留回路或接口)一次到位,避免二次敷设;综合考虑埋地敷设、架空敷设。

(三)临时水电方案确定

1. 确定用电负荷及用水量:根据施工区平面布置、施工部署、主要施工方法等确定施工用电负荷及用水量;根据办公区和生活区平面布置确定生活区用电负荷及用水量。

2. 根据电源及水源情况、平面布置、施工部署、主要施工方法、主要设备用电负荷及用水量等,确定管路、线路和配电箱布置。

3. 根据线路负荷、施工周期、资金及库存情况,确定电缆品种及电缆、配电箱、临水材料设备采购方案。

4. 布置临时水电平面布置图。

5. 编制临水、临电施工方案,并按要求报批。

(四)临水临电工作计划(见附表2-5)

六、视频监控及安保方案

(一)内容包括

1. 视频监控方案包括门禁系统、办公区视频监控系统、生活区视频监控系统、施工区视频监控系统等配置工作。

2. 安保方案包括办公、生活、施工区的门岗设置。

（二）配置要求

1. 根据合同、当地政府行政主管部门创优要求及实际情况，决定是否设置视频监控系统。

2. 根据管理要求和目的确定配置标准，并编制视频监控系统施工方案。

（三）视频监控及安保管理工作计划（见附表2-6）

七、现场收尾

1. 内容：塔吊、升降机、砂浆罐等机械、设备的拆除；现场临建的拆除、剩余物资及周转材料的清场；垃圾的清运；场地及项目的保洁工作。

2. 要求：根据项目进度、施工部署、平面布置、附属工程推进计划，逐步退场。

3. 现场收尾计划见附表2-7。

八、费用预算

1. 实施前必须编制临时实施费用预算。

2. 严格控制现场临建费用，按照"简约、经济、实用"原则进行现场规划。

3. 按项目规划相关要求，对费用预算实行限额控制管理。对于临建费用超标（超合同投标造价）的，必须说明原因并做相应经济分析。

4. 临时设施费用预算见附表2-8。

第二节　现场规划附表

附表 2-1

CI 规划工作计划

序号	CI 项目名称	数量	材质/规格/型号	完成时间	来源	责任人
1	办公区大门 CI 覆盖					
2	生活区大门 CI 覆盖					
3	施工区大门 CI 覆盖					
4	门卫 CI 覆盖					
5	围墙(内、外)CI 覆盖					
6	办公室门牌					
7	办公室墙上图牌					
8	办公区窗帘					
9	国旗					
10	司旗					
11	会议室桌布					
12	会议室桌旗					
13	会议室布置					
14	门口施工标牌					
15	塔吊 CI 覆盖					
16	管理人员服装					
17	工作人员服装					
18	安全帽					
19	现场导向牌					
20	……					

注：表中内容可依据项目具体情况进行增减。

附表 2-2

现场临建工作计划

序号	临建名称	规格/型号/做法	单位	数量	开始时间	完成时间	责任人	来源(租赁/自建/调拨)
1	管理人员办公室		间					
2	业主监理办公室		间					
3	会议室		间					
4	专业分包办公室		间					
5	劳务分包办公室		间					
6	管理人员宿舍		间					
7	管理人员食堂		间					
8	办公区卫生间		间					
9	管理人员宿舍区浴室		间					
10	工人宿舍		间					
11	工人学校		间					
12	工人食堂		间					
13	工人宿舍区厕所		间					
14	工人宿舍区浴室		间					
15	库房		间					
16	门卫室		m²					
17	配电房		m²					
18	洗碗池		个					
19	洗衣台		个					

续表

序号	临建名称	规格/型号/做法	单位	数量	开始时间	完成时间	责任人	来源(租赁/自建/调拨)
20	晾衣架		个					
21	办公、生活、施工区大门		m²					
22	运动场		m²					
23	床铺		套					
24	现场临时泵房及消防水池		个					
25	洗车槽		个					
26	地磅		个					
27	场地硬化		m²					
28	场地绿化		m²					
29	楼层移动卫生间		个					
30	钢筋加工棚		个					
31	木工棚		个					
32	塔吊基础		个					
33	人货电梯基础		个					
34	物料提升机基础		个					
35	施工道路		m²					
36	围墙		m					
37	……							

附表2-3

办公设施配置工作计划

序号	办公设备名称	规格型号	使用部位	单位	数量	进场时间	责任人	设备来源(打△)		
								内部调配	项目购买	分包提供
1	空调(挂机)			台						
2	空调(立式)			台						
3	大办公桌			张						
4	小办公桌			张						
5	办公椅			个						
6	沙发			组						
7	文件柜			个						
8	会议桌			张						
9	会议室椅子			张						
10	茶几			个						
11	电视机			台						
12	网络系统			套						
13	投影仪			台						
14	打印机			台						
15	复印机			台						
16	水壶			个						
17	热水瓶			个						
18	烟灰缸			个						
19	垃圾桶			个						
20	茶杯			个						
21	……									

附表 2-4

管理人员生活设施配置工作计划

序号	生活设备名称	规格型号	单位	数量	进场时间	责任人	设备来源(打△)			
							内部调配	公司购买	项目购买	分包提供
1	电冰箱		台							
2	电风扇		台							
3	燃气灶		台							
4	排气扇		台							
5	消毒柜		台							
6	电饭锅		个							
7	洗衣机		台							
8	电热水器		台							
9	太阳能热水器		台							
10	饮水机		台							
11	餐桌		套							
12	床铺		套							
13	……									

附表 2-5

临水临电工作计划

生活区	开始时间_____,完成时间_____,责任人_____				
办公区	开始时间_____,完成时间_____,责任人_____				
施工区	开始时间_____,完成时间_____,责任人_____				
序号	材料设备名称	规格型号	单位	配置数量	来源
一	办公区、生活区	不同规格型号分别编制			
1	电缆				
2	电线				
3	开关				
4	插座				
5	配电箱(屏)				
6	镀锌管				
7	PPR 管				
8	阀门				
9	水表				
10	水龙头				
11	水箱				
12	水泵				
13	……				
二	施工区	不同规格型号分别编制			
1	电缆				
2	电线				
3	开关				
4	插座				
5	配电箱(屏)				
6	镀锌管				
7	PPR 管				
8	阀门				
9	水表				
10	水龙头				
11	水箱				
12	水泵				
13	……				

附表 2-6

视频监控及安保管理工作计划

序号	设备名称	规格型号	投入使用时间	责任人
1	视频监控系统			
(1)	门禁系统			
(2)	办公区监控系统			
(3)	生活区监控系统			
(4)	施工区监控系统			
(5)	……			
2	安保管理	安保人员配备人数	进出场时间	责任人
(1)	办公区			
(2)	生活区			
(3)	施工区			

附表 2-7

现场收尾计划

序号	项目名称	拆除开始时间	清场完成时间	责任人	备注
1	塔吊				
2	升降机				
3	砂浆罐				
4	施工区操作棚				
5	施工区材料堆场				
6	临时水电				
7	洗车池				
8	临时围挡				
9	生活区				
10	办公区				
11	垃圾清运				
12	场地保洁				
13	……				

注：根据项目推进情况，在地库完成、主体完成、装饰完成、附属工程完成后，分区分块、分阶段安排退场。

附表 2-8

临时设施费用预算

序号	分项名称	单位	预算目标			
			数量	总投入（元）	摊销比例	费用预算（元）
一	可周转临时设施					
1	办公用集装箱式活动房	个				
2	生活用集装箱式活动房	个				
3	集装箱式活动房	个				
4	加工棚	个				
5	临电中的一、二级配电箱	项				
6	二级配电箱前端电缆	项				
7	旗杆	项				
8	"九牌一图"栏	项				
9	办公设施	项				
10	生活设施	项				
11	视频监控设施	项				
12	临水临电设施费	元				
13	……					
二	一次性投入临时设施					
1	砖砌附属用房	m²				
2	活动房基础、地面	m²				
3	道路	m²				
4	场地硬化	m²				
5	围墙	m				
6	绿化	m²				
7	CI 费用	元				
8	……					
三	合计	元				

说明：可根据项目具体情况对表中内容进行调整。

第三节　现场规划平面布置图

平面图内容可依据项目具体情况进行增减。

一、办公区平面布置图

根据具体项目情况编制(略)。

二、生活区平面布置图

根据具体项目情况编制(略)。

三、施工区平面布置图

根据具体项目情况编制(略)。

分阶段编制、调整：

(1) 地基与基础阶段；

(2) 主体结构施工阶段；

(3) 装饰装修与机电安装阶段；

(4) 附属配套施工阶段。

四、临时水电平面布置图

根据具体项目情况编制(略)。

分办公、生活、施工区编制。

五、临时雨污水平面布置图

根据具体项目情况编制(略)。

分办公、生活、施工区编制。

相关平面的布置,需考虑现行国家相关规范、项目所在地主管部门相关要求、业主监理方相应意见和要求。

第三章　项目职业健康安全规划

项目职业健康安全管理指的是项目实施过程中组织的全部安全生产管理活动,它通过对项目实施过程安全状态的控制,使不安全的行为和状态减少至消除的理想状态。项目职业健康安全管理坚持安全第一、预防为主的方针,建立健全安全生产责任制和群防群治的制度,落实到项目施工全过程管理中,确保项目安全有序推进。其核心问题是通过一系列措施加强项目安全管理工作,保护项目施工生产实施过程中所有人员的安全与健康,预防伤亡事故和职业危害,保证项目生产的顺利进行,避免财产、设备的损失,避免留下安全隐患在交付使用后产生安全问题。

项目职业健康安全规划的编制必须充分考虑项目重大风险,符合职业健康安全法律法规、主管单位及项目职业健康安全等方面的要求。项目部识别并确定影响项目安全及职业健康的所有过程和因素,制定相应的控制措施,形成项目安全生产及职业健康管理重大风险及其控制计划、相关实施计划要求及管理措施。项目部以此实施项目的安全生产及职业健康管理,项目部在计划执行过程中对其进行完善和更新;工程完工后,项目部要对安全生产及职业健康管理进行经验总结,接受主管单位对项目部进行的安全监督考核。

项目职业健康安全管理包括安全管理制度、安全管理措施、重大风险及危险源管理、需专家论证的危险性较大的安全专项方案控制计划、应急预案编制计划、工程项目安全生产费用投入计划表、安全生产费用使用范围等。其中安全管理制度包括安全生产责任制度、安全生产教育培训制度、安全生产隐患排查及整改制度、安全专项方案编制制度、分包分供安全管理制度、安全生产技术交底制度、危险源辨识与管理制度、机械设备安全管理制度、临时设施安全管理制度、职业健康与劳动保护制度、涉及安全措施的验收制度、持证上岗制度、消防防火制度、治安保卫制度、安全生产责任考核制度等。

项目职业健康安全管理的范围包括办公区、生活区、施工区,以及受施工影响的周边区域(施工区域外受影响的道路、居民区等),涉及施工用水用电、消防、机械、材料、人员等所有可能影响安全的人、材、机、法、环。通过提前落实安全的工作面及相应措施,对工人进行安全教育、交底,按照安全的操作规程进行施工,过程中及时检查整改不安全因素,确保项目安全竣工及后期安全使用。

项目部各个管理层级都应签订安全管理目标责任书；项目部和各分包单位要签订安全生产管理协议书。所签订的协议书形成资料归档。

项目部在确定分包单位前，应核实分包单位安全生产资格，核实评审后登记；必要时应实地考察分包单位的安全生产管理体系，评定、确认分包单位的安全生产管理能力。项目部督促分包单位健全安全生产管理机制，并按项目安全及职业健康管理相关要求对分包单位的施工过程进行监控。当分包单位违反安全生产规程时，及时制止并通知整改，如危险因素仍在且有加剧趋势，分包单位拒不改正的，项目安全管理人员可暂停分包单位施工。分包单位应当服从总承包单位的安全生产管理，分包单位不服从管理导致生产安全事故的，由分包单位承担主要责任。项目部将暂停分包单位管理的有关情况或要求在分包单位的合同中予以明确，因分包单位自身违反安全生产而暂停施工的损失由分包单位承担；必要时项目部可按国家法律法规及合同约定解除与分包单位的合同。

项目部根据现场作业人员工作性质、工种特点、防护要求，建立现场各类作业人员防护用品配备标准。项目部要加强对工程分包单位的管理和控制，并将重要劳动防护用品的采购、租赁和使用要求反映在分包合同和协议中。项目施工现场采购或租赁的重要劳动防护用品要经项目安全主管严格验收合格后，方可入库和发放使用。项目安全负责人督促相关采购人员留存各类重要劳动保护用品的证明材料（如营业执照复印件、安全生产许可证、检验报告、合格证、产品许可证、产品功能等）。项目部对所有现场作业人员个人防护用品配备情况进行统计登记，建立台账；按配备标准制订个人防护用品配备及补充计划，及时发放补充。项目部对个人防护用品的日常使用进行检查指导并督促防护用品的合理使用和正确配备。项目安全负责人负责监督检查各分包单位重要劳动保护用品的使用情况，项目负责人定期对重要劳动保护用品的使用情况进行检查监督。

危险作业工作许可证：项目部对动火作业、吊装作业、土方开挖作业、管沟作业、受限空间作业等危险性较大作业活动进行识别，编制危险作业控制计划，对危险作业人员进行培训教育，经考核合格后发放工作许可证。工程项目进行危险作业时，项目施工管理人员向项目部安全部门提出危险作业申请，经批准后方可实施危险作业活动。项目部安全管理部门对危险作业活动进行连续监控，作业完成后要进行考核，分析并总结经验。

项目的职业健康安全教育包括职业健康安全管理体系培训和一般安全教育培训。职业健康安全管理体系培训内容包括项目适用的职业健康安全法律、法规；项目的职业健康安全规章制度、程序文件/管理规定及支持性文件；安全管理计划等。一般安全教育培训包括入场三级安全教育、变换工种教育、特种作业人员教育、经常性安全教育、转场教育、班前安全讲话、现场安全活动等。人员进场后，项目安全负责人组织全体管理人员（包括所属分包单位的管理人员）进行职业健康安全管理体系的培训，并做好培训记录；项目的各项安全教育由项目安全负责人统一组织、指导，各分包单位有关人员配合完成，并留存教育记录。

新工人入场必须进行项目总包单位、项目部/项目分包单位、作业班组三级安全教育并做好记录,经总包单位安全主管考试合格、登记备案后,方准上岗作业。总包级教育内容包括国家、行业、地方及主管单位当前的安全生产形势;安全生产法规及安全知识教育;建筑施工的特点及其给劳动者安全带来的不利因素;新工人入场安全教育的意义和必要性。项目部/分包级教育内容包括国家、部委有关安全生产的标准;当地有关部门的各项安全生产标准;在施工程基本情况和必须遵守的安全事项;施工用化学产品的用途、防毒知识、防火及防煤气中毒知识等。班组级教育内容包括工程项目中工人的安全生产责任制;本班组生产工作概况、工作范围及性质;本工种的安全操作规程;个人从事工作的内容及必要的安全知识;本工程项目易发生事故的部位及劳动保护用品的使用要求。

转场安全教育:从其他工程项目转入本工程项目进行施工作业时,必须接受总包单位组织的转场安全教育,并做好记录,经考核合格、登记备案后上岗。教育内容为本工程项目安全生产状况及施工条件;施工现场中危险部位的防护措施及典型事故案例;本工程项目的安全管理体系、规定及制度。

变换工种安全教育:凡改变工种或调换工作岗位的工人必须接受总包单位组织的变换工种安全教育,总包单位做好记录。接受变换工种安全教育的工人经总包安全主管考核合格、登记备案后方能上岗。教育内容为新工作岗位或生产班组安全生产概况、工作性质和职责;新工作岗位必要的安全知识,各种机具设备及安全防护设施的性能和作用;新工作岗位、新工种的安全技术操作规程;新工作岗位容易发生事故及有毒有害的地方;新工作岗位个人防护用品的使用和保管。

特种作业安全教育:从事特种作业的人员必须经过专门的安全技术培训,经考核合格取得操作证后方可独立作业,并按特种作业人员有关管理办法的要求进行年审,同时进入现场作业时应将有效的操作证复印件交总包安全主管登记备案。项目总包单位对从事特种作业的人员要进行经常性的安全教育,并做好记录。教育内容为特种作业人员所在岗位的工作特点,可能存在的危险、隐患和安全注意事项;特种作业岗位的安全技术要领及个人防护用品的正确使用方法;本岗位曾经发生的事故案例及经验教训。

经常性安全教育:在工程项目出现因故无法完全执行安全操作规程,实施重大和季节性安全技术措施,更新仪器、设备和工具,推广新工艺、新技术,发生因工伤亡事故、机械损坏事故及重大未遂事故,节前假后及执行特殊施工任务,出现其他不安全因素,安全生产环境发生了变化时,应对施工人员进行适时安全生产教育,并做好记录。

现场安全活动:项目各分包单位每周一开始工作前应采取适当形式对全体在岗工人开展安全生产及法制教育活动,并做好记录。现场安全活动的内容为上一周安全生产形势、存在的问题及对策;最新安全生产信息;重大和季节性安全技术措施;本周安全生产工作的重点、难点和危险点;本周安全生产工作目标和要求。班前安全讲话:各作业班组长于每班工作(包括夜间作业)开始前必须对本组全体人员进行班前安全活动交底,并做好记录。班前安全活动交底内容包括本班组安全生产须知；本班工作中的危险点和应采取的对策；上一班工作中存在的安全问题和应采取的对策。

项目部对项目生产、现场进行危险源辨识、风险评价；根据评价的一般风险，制定、明确安全技术措施，如安全技术操作规程、分项工程安全技术规范、安全技术措施等；针对评价的重要风险，分析风险涉及的过程，确定重点内容、关键点、危险部位，填写项目重大风险及重大危险源识别表，并归纳出需编制安全专项方案的清单。编制安全技术方案必须符合施工组织设计编制相关要求；安全技术措施应根据工程特点、施工方法、劳动组织和作业环境进行有针对性的编制，保证安全技术措施有针对性和防范措施科学合理。安全技术方案必须渗透到工程各阶段、分部分项工程、单项方案和各工艺中；采用新工艺、新技术、新设备、新施工方法及本工种的工序变动都要制定相应的安全措施，并提出安全技术操作要求。一般的安全技术方案由项目技术部门编写，项目技术负责人负责审批；重大的安全技术方案应由项目技术负责人组织编写，上报公司进行审批。

项目部必须实行逐级安全技术交底制度，工程开工前项目负责人应将工程概况、施工方法、安全技术措施等向项目部管理人员、各分包负责人进行详细交底。分部分项工程施工前，对责任工程师/分包负责人进行具有针对性的安全技术交底。其内容必须具体、明确、有针对性。安全技术交底必须定期或不定期地分工种、分专业、分施工部位进行。安全技术交底应包括以下内容：工程项目施工作业特点、工程项目施工作业中的危险点、针对危险点采取的防患措施、施工中应注意的安全事项、有关的安全操作规程和防护标准、一旦发生事故如何采取避险和急救措施。分包负责人向作业班组交代任务时，必须进行安全技术交底。班组长每天要对工人进行班前安全讲话，对当天作业的施工要求、作业环境等进行安全交底。各级安全技术交底应有书面记录，记录中要有交底时间、内容、交底人以及接受交底人的签字，安全技术交底书及作业指导书需归档保存。

各种安全技术方案/措施完成后，项目技术负责人应组织进行验收；验收时方案/措施的编制人、安全管理人员和方案/措施实施分包单位负责人必须参加。各种大型设备在投入使用前应进行专项验收，验收必须由安装单位或维修单位组织，机械、安全管理人员参加，共同验收合格后方可使用。对各种防护设施和防护用品进行验收，应由项目安全负责人组织验收，各种安全防护用品必须有合格试验单及出厂合格证等。各类验收应填写验收记录，参加验收的各方签字确认后交项目安全负责人留存。验收范围包括各类临边、洞口，现场临时用电工程，塔式起重机、施工升降机和其他机械设备，现场的各类消防器材、脚手架、扣件、脚手板、防护栅、安全网、安全带、漏电保护器、电缆、配电箱以及其他个人防护用品等。

项目安全管理体系的过程控制：应该从实际情况出发，结合项目实际情况和主管部门安全检查要求，制订切实可行的、必要的适合项目的安全检查计划，定期或不定期对施工现场的安全进行监督检查。要有组织、有计划、分重点进行，明确检查的目的和要求，分清薄弱环节和关键问题并对其实行重点监控,及时了解情况、发现问题、解决问题,互相促进、互相学习,预防事故的发生,确保安全生产。

实施安全生产检查:项目部按照所建立的安全检查计划对施工现场实施检查和项目日常巡查,项目安全负责人应深入现场巡回检查,每周应进行一次总结,对发现的问题进行记录,对采取的措施和处理结果进行通报。对于在检查中发现的各种隐患要分类归纳,以便整改时采取不同方法,能够现场纠正的应进行现场纠正,对于不能立即整改的,下发隐患整改通知单,检查中已整改的问题不能重复写在整改通知中。整改通知提出的安全隐患,情况描述必须清晰、存在位置必须准确。查出的问题项目部应制订整改计划,根据定整改措施、定整改负责人、定整改完成时间的要求限期完成整改,并按期进行复审检查。项目的安全隐患整改应结合主管部门的隐患整改有关要求,做好相应记录以备主管部门检查。项目部要结合主管部门的检查评分,制定适合项目的评分规则,同时结合项目的考评办法,对分包队伍进行安全管理考核。

项目部应针对可能发生的、对环境和职业健康安全状况有影响的紧急情况,制定相应的应急预案,采取适当的应急准备和响应措施。这些措施包括:为防止发生事故采取的预防措施,为可能发生事故的场所设置适当的应急设施,事故发生时的排除和处置的响应办法,成立应急领导小组以及建立事故发生时的信息传递渠道。项目的应急预案和应急准备措施应以适当的形式体现在项目职业健康安全管理规划中。项目的应急器材必须放置在明显的、便于取用的地方,并做好必要的标识。事故发生时从事现场紧急救护和救助的人员应具备相应的技能。

项目负责人应就本项目的潜在事故和紧急情况及应急措施对全体人员进行培训;应检验应急措施是否可行;应组织定期检查,检查应急措施的落实情况,应急设施是否有效,发现问题及时解决;应在项目施工的有关阶段进行应急救援演练,检验应急救援应变及实施能力,完善应急救援方案。

环保紧急情况/安全事故发生后,项目负责人应组织人员按相关要求和规定进行调查、处理和报告。发生紧急情况时,项目部应根据应急预案和事件的具体情况,抢救伤员,保护现场,防止二次伤害,设置警戒标志,按照"分级响应,快速处理;以人为本,积极自救"的工作原则,进行应急处置,处置完成后进行总结。紧急情况处理:紧急情况发生时,项目部必须立即采取应急措施进行处理;当情况严重,自身难以有效处理时,应立即联络紧急救援应急部门;当紧急情况威胁到人身安全时,项目负责人必须首先确保人身安全,组织人员迅速脱离危险区域或场所,同时采取应急措施以尽可能地减少对环境和职业健康安全状况的影响。

第一节　安全生产规划

项目安全生产规划

（一）内容：基础管理（制度制定、措施落实到位）、过程风险控制。

（二）要求：把项目安全要求转化成目标明确、系统清晰且具有操作措施的活动。针对施工过程中的安全，根据现实情况，分析施工过程中可能存在的风险，对所采取的方法、程序与措施进行系统构思设计，提出施工现场合理可行的安全生产管理要求及控制活动，并进行落实。

（三）安全生产管理工作计划。

序号	工作内容	链接文件
1	安全管理制度	附表3-1
2	安全管理措施	附表3-2
3	重大风险及危险源管理	附表3-3
4	需专家论证的危险性较大的安全专项方案控制计划	附表3-4
5	危险性较大的分部分项工程清单	附表3-5
6	应急预案编制计划	附表3-6
7	工程项目安全生产费用投入计划表	附表3-7
8	安全生产费用使用范围表	附表3-8
9	……	……

注：在施工过程中进一步完善；当设计、施工方法或外部环境发生变化时，要及时对计划进行调整，在分部分项工程开工前完成方案的修订与交底。

第二节　安全规划附表

附表 3-1

安全管理制度

序号	制度名称	完成时间	责任人
1	安全生产责任制度		
2	安全生产教育培训制度（包括例会制度、培训计划）		
3	安全生产隐患排查及整改制度		
4	安全专项方案编制制度		
5	分包分供安全管理制度		
6	安全生产技术交底制度		
7	危险源辨识与管理制度		
8	机械设备安全管理制度		
9	临时设施安全管理制度		
10	职业健康与劳动保护制度		
11	涉及安全措施的验收制度（如基坑支护、脚手架、模板）		
12	持证上岗制度		
13	消防防火制度		
14	治安保卫制度		
15	安全生产责任考核制度		
16	……		

附表 3-2

安全管理措施

1. 分部分项工程

序号	分部分项工程名称	执行(编制)的安全作业文件	责任人
1	土方工程		
2	桩基工程		
3	……		

注：项目部应根据工程实施的具体需要编制适用的安全技术方案。
以下仅供项目编制时参考(不仅限于以下方案)：
工程临时用电方案；
深基坑桩基础施工与土方开挖方案；
±0.00 以下结构施工防护方案；
结构施工临边、洞口、施工作业防护安全技术措施；
大模板施工安全技术方案(含支撑系统)；
主体结构、装修工程安全技术方案；
防水施工安全技术方案；
钢结构吊装技术方案；
垂直交叉作业防护方案；
高处作业安全技术方案；
冬、雨季施工安全技术方案；
大型设备安装安全技术方案；
塔吊、施工外用电梯、垂直提升架等安装与拆除安全技术方案；
大型脚手架、整体式爬升(或提升)脚手架安全技术方案；
特殊脚手架(吊篮架、插口架、悬挑架、挂架等)安全技术方案；
地下供电、供气、通风管线安全技术方案；
从事有毒有害、易燃易爆性的作业的防患措施；
临街、毗邻建筑物、临近外架供电线路防护等安全技术方案；
新工艺、新技术、新材料施工安全技术方案。

2. 设备管理

序号	设备名称	型号	单位	数量	执行(编制)的安全作业文件	责任人
1	挖机					
2	塔吊					
3	升降机					
4	吊篮					
5	……					

附表 3-3

重大风险及危险源管理

序号	工作内容	完成时间	责任人
1	危险源辨识与风险评价表		
2	项目重大危险源识别表		
3	法律法规及其他要求清单		
4	……		

附表 3-4

需专家论证的危险性较大的安全专项方案控制计划

序号	方案名称	编制时间	编制人	审核人	审批人	专家论证时间	实施时间	备注
1	深基坑工程							
2	模板工程及支撑体系							
3	起重吊装及起重机械安装拆卸工程							
4	脚手架工程							
5	拆除工程							
6	暗挖工程							
7	其他							

附表 3-5

危险性较大的分部分项工程清单

工程名称		结构类型	
建设单位		项目负责人	
勘察单位		项目负责人	
设计单位		项目负责人	
施工单位		项目负责人	
危险性较大的分部分项工程范围			
分部分项工程	内　容		预计实施时间
一、基坑工程	□ 开挖深度超过 3 m(含 3 m)的基坑(槽)的土方开挖、支护、降水工程。 □ 虽未超过 3 m,但地质条件、周围环境和地下管线复杂,或影响毗邻建、构筑物安全的基坑(槽)的土方开挖、支护、降水工程。		
二、模板工程及支撑体系	□ 各类工具式模板工程,包括滑模、爬模、飞模、隧道模等工程。 □ 混凝土模板支撑工程:搭设高度 5 m 及以上,或搭设跨度 10 m 及以上,或施工总荷载(荷载效应基本组合的设计值,以下简称设计值)10 kN/m² 及以上,或集中线荷载(设计值)15 kN/m 及以上,或高度大于支撑水平投影宽度且相对独立无联系构件的混凝土模板支撑工程。 □ 承重支撑系统:用于钢结构安装等满堂支撑体系。		
三、起重吊装及起重机械安装拆卸工程	□ 采用非常规起重设备、方法,且单件起吊重量在 10 kN 及以上的起重吊装工程。 □ 采用起重机械进行安装的工程。 □ 起重机械安装和拆卸工程。 □ 施工现场 2 台(或以上)起重机械存在相互干扰的多台多机种作业工程。 □ 装配式建筑构件吊装工程。		
四、脚手架工程	□ 搭设高度在 24 m 及以上的落地式钢管脚手架(包括采光井、电梯井脚手架)工程。 □ 附着式升降脚手架工程或导架爬升式工作平台工程。 □ 悬挑式脚手架工程。 □ 高处作业吊篮。 □ 卸料平台、操作平台工程。 □ 异型脚手架工程。		
五、拆除工程	□ 可能影响行人、交通、电力设施、通讯设施或其他建、构筑物的拆除工程。		
六、暗挖工程	□ 采用矿山法、盾构法、顶管法施工的隧道、洞室工程。		

续表

分部分项工程	内容	
七、其他	□ 建筑幕墙安装工程。 □ 钢结构、网架和索膜结构安装工程。 □ 人工挖孔桩工程。 □ 水下作业工程。 □ 装配式建筑混凝土预制构件安装工程。 □ 地下隧道注浆帷幕工程。 □ 冻结法工程。 □ 无梁楼盖结构地下室顶板上的土方回填工程。 □ 厚度大于1.5 m的底板钢筋支撑工程。 □ 含有有限空间作业的分部分项工程（如市政排水新老管线拆封碰接工程）。 □ 采用新技术、新工艺、新材料、新设备可能影响工程施工安全，尚无国家、行业及地方技术标准的分部分项工程。	

超过一定规模的危险性较大的分部分项工程范围		
分部分项工程	内　　容	预计实施时间
一、深基坑工程	□ 开挖深度超过5 m(含5 m)的基坑(槽)的土方开挖、支护、降水工程。 □ 开挖深度3 m至5 m，且与基坑底部边线水平距离两倍开挖深度范围内存在需要保护的建(构)筑物、主干道路或地下管线的基坑(槽)的土方开挖、支护、降水工程。	
二、模板工程及支撑体系	□ 各类工具式模板工程，包括滑模、爬模、飞模、隧道模等工程。 □ 混凝土模板支撑工程：搭设高度8 m及以上，或搭设跨度18 m及以上，或混凝土板厚350 mm及以上，或混凝土梁截面面积0.45 m^2及以上，或施工总荷载(设计值)15 kN/m^2及以上，或集中线荷载(设计值)20 kN/m及以上。 □ 承重支撑体系：用于钢结构安装等满堂支撑体系，承受单点集中荷载7 kN及以上。	
三、起重吊装及起重机械安装拆卸工程	□ 采用非常规起重设备、方法，且单件起吊重量在100 kN及以上的起重吊装工程。 □ 起重量300 kN及以上，或搭设总高度200 m及以上，或搭设基础标高在200 m及以上的起重机械安装和拆卸工程。 □ 采用非说明书中基础形式或附墙形式进行安装的塔式起重机和施工升降机安装工程。 □ 外挂式塔式起重机安装和拆卸工程。 □ 使用屋面吊进行拆卸的塔式起重机拆卸工程。 □ 架桥机安装和拆卸工程，使用架桥机进行的桥梁安装工程。	

续表

四、脚手架工程	□ 搭设高度50 m及以上的落地式钢管脚手架工程。 □ 附着式升降脚手架工程或导架爬升式工作平台工程。 □ 分段架体搭设高度20 m及以上的悬挑式脚手架工程。 □ 用于装饰装修及机电安装施工的吊挂平台操作架及索网式脚手架工程。 □ 搭设高度8 m及以上的移动操作平台架工程。 □ 无法按标准规范要求设置连墙件或立杆无法正常落地等异型脚手架工程。 □ 不能直接按照产品说明书中参数及安装要求安装的高处作业吊篮工程。	
五、拆除工程	□ 码头、桥梁、高架、烟囱、水塔或拆除中容易引起有毒有害气(液)体或粉尘扩散、易燃易爆事故发生的特殊建、构筑物的拆除工程。 □ 文物保护建筑、优秀历史建筑或历史文化风貌区影响范围内的拆除工程。 □ 经鉴定为D级危房且高度超过10 m或单体面积超过5 000 m^2的拆除工程。	
六、暗挖工程	□ 采用矿山法、盾构法、顶管法施工的隧道、洞室工程	
七、其他	□ 施工高度50 m及以上的建筑幕墙安装工程。 □ 跨度36 m及以上的钢结构安装工程,或跨度60 m及以上的网架和索膜结构安装工程。 □ 开挖深度16 m及以上的人工挖孔桩工程。 □ 水下作业工程。 □ 地下隧道注浆帷幕工程。 □ 冻结法工程。 □ 重量1 000 kN及以上的大型结构整体顶升、平移、转体等施工工艺。 □ 采用新技术、新工艺、新材料、新设备可能影响工程施工安全,尚无国家、行业及地方技术标准的分部分项工程。	

建设单位意见	勘察单位意见	设计单位意见	施工单位意见
项目负责人(签字):	项目负责人(签字):	项目负责人(签字):	项目负责人(签字):
建设单位(盖章) 年 月 日	勘察单位(盖章) 年 月 日	设计单位(盖章) 年 月 日	施工单位(盖章) 年 月 日

填写说明	建设单位应当组织勘察、设计等单位在施工招标文件中列出本项目危大工程清单;应在以上栏目所列的相应危大工程范围的"□"内打上"√"并填写预计实施时间;施工单位应根据本工程实际补充完善危大工程清单并明确相应的安全管理措施。(超过一定规模的)危险性较大的分部分项工程范围参考苏建质安〔2019〕378号文,具体以项目所在地政府主管部门的相关规定为准。

附表 3-6

应急预案编制计划

序号	预案名称	编制时间	编制人	审核人	交底时间	演练时间	备注
1	综合应急预案						
2	专项应急预案						
3	现场处置方案						
4	公共安全防控预案						
5	自然灾害应急预案						
6	……						

附表 3-7

工程项目安全生产费用投入计划表

序号	项目	计划投入时间				合计
		1月	2月	……	12月	
1	个人安全防护用品、用具					
2	临边、洞口安全防护设施					
3	临时用电安全防护					
4	脚手架安全防护					
5	消防设施、器材					
6	机械设备安全防护设施					
7	施工现场文明施工措施费					
8	安全标志、标语等标牌费用					
9	安全教育培训费用					
10	安全评优费用					
11	专家论证费用					
12	季节性安全费用					
13	施工现场急救器材及药品					
14	与现场安全隐患整改等有关的费用支出					
15	其他安全专项活动费用					
16	……					
	合计					

附表 3-8

安全生产费用使用范围表

一、完善、改造和维护安全防护设备、设施支出
1. 施工场地安全围挡设施,各种安全警示、设施和标识;
2. 临时工程安全防护及其他安全防护设备、设施,作业中防止物体、人员坠落以及交叉作业需设置的安全网、棚、护栏等;
3. 安全防护通讯设备;
4. "四口"(楼梯口、电梯井口、预留洞口、通道口)、"五临边"(未安装栏杆的平台临边、无外架防护的层面临边、升降口临边、基坑临边、上下斜道临边)等防护、防滑设施;
5. 施工供配电及用电安全防护设施(漏电保护、接地保护、触电保护等装置,变压器、配电房周边防护设施,电器防爆设施,防水电缆及备用电源等);
6. 防治边帮滑坡、地质灾害的设备设施及日常监测设施;
7. 地下工程有毒有害气体检测、监测仪器和设备,通风设施等;
8. 各类机电设备、压力容器及压力管道等安全保护、保险装置及指示;
9. 防台风、防腐、防火、防尘、防爆、防洪水、防辐射、防雷电、防危险气体等设备设施;
10. 起重、爆破作业及穿越道路、河流、空中及地下管线进行施工、运输作业所增设的防护、隔离、栏挡等设施。
二、配备、维护、保养应急救援器材、设备支出和应急演练支出
1. 安全应急救援预案措施及预案演练支出;
2. 急救药箱、器材及通讯设备,应急救援设备、器械(包括救援车等),各种消防设备和器材;
3. 应急照明、通风、逃生、抽水设备以及锹镐铲、千斤顶等;
4. 防洪、防坍塌、防山体落石、防自然灾害等物资设备;
5. 其他救援器材、设备。
三、配备和更新现场作业人员安全防护用品支出
1. 各种现场工作人员的安全防护用品购置、检测和保养支出;
2. 现场常用的安全防护用品,包括安全帽、安全带、防滑(绝缘)鞋、绝缘手套、防尘口罩、护目镜、救生衣等。
四、安全设施及特种设备检测检验支出
1. 安全防护设施、设备的检测、检验费用;
2. 特种设备检测、检验及取证费。
五、开展重大危险源和事故隐患的评估、监控和整改支出
1. 超前地质预报、自然灾害预警;

续表

2. 重大事故隐患监控与整改；
3. 危险品运输、储存、使用时安全管理、监控、防护费用；
4. 重大风险源辨识与评估(水上及高空作业等)；
5. 其他重大危险源、重大事故隐患的评估、整改、监控支出。
六、安全生产检查、评价、咨询和标准化建设支出
1. 聘请专家参与安全检查和评价；
2. 各级安全生产检查、督导与评价；
3. 召开安全生产专题会议；
4. 安全生产咨询；
5. 开展安全生产标准化建设。
七、安全生产宣传、教育、培训支出
1. 举办安全生产展览和知识竞赛活动,设立陈列室、职工夜校等；
2. 各种安全生产宣传支出；
3. 购置编印安全生产书画、刊物、影像资料等；
4. 专职安检人员、生产管理人员安全生产教育培训；
5. 特种作业人员培训考证、复审、技术比赛等；
6. 作业人员上岗教育培训；
7. 其他安全教育培训费用。
八、安全生产适用的新技术、新标准、新工艺、新设备的推广应用支出
1. 购买相应的书籍和设备；
2. 推广过程中的宣传、培训等费用；
3. 其他费用。
九、其他与安全生产直接相关的支出
1. 特种作业人员(从事高空、井下、巷内、尘毒作业的人员)体检费用；
2. 办理安全生产施工许可证；
3. 办公、生活区、施工区的防腐、防毒、防四害、防触电、防煤气、防火等支出；
4. 配备给专职安全人员使用的相机、电脑等物品费用；
5. 安全生产奖励费用：发给专职安全员工资总额以外的安全目标考核奖励,安全生产工作先进个人、集体的奖励；
6. 建设单位和行业主管部门共同认定的其他安全生产费用,及其他与安全生产有关的费用。

第三节　安全隐患及整改

一、安全隐患整改通知书

工程名称	
检查时间	
参加人员	
隐患内容	
整改完成时间	
整改人	
检查人	

二、安全隐患整改记录

检查情况				整改后		
安全隐患	整改措施	整改完成日期	责任人	复查人	复查日期	复查情况
复查后遗留问题整改措施			复查后整改完成日期		责任人	

第四节 安全生产责任

一、项目关键岗位安全生产责任

项目负责人	是安全生产第一责任人,对安全生产工作全面负责; 落实国家及地方安全生产法律法规、规定和企业安全生产制度、标准; 落实安全生产监督管理机构,配齐安全生产监督管理人员; 负责与各岗位管理人员及分包分供单位签订安全生产责任书,并组织考核; 负责安全生产措施费用的及时投入,保证专款专用; 组织编写安全管理规划,制定落实安全管理规划的计划、措施和方案; 组织编制危险源清单,制定危险源防范措施和方案; 组织编制安全生产应急预案,并进行交底和组织演练; 组织召开安全生产会议,研究解决安全生产问题; 组织实施安全教育培训; 组织开展国家、地方政府及企业有关安全生产活动; 履行领导带班制度,组织安全生产检查,落实隐患整改; 及时、如实报告生产安全事故,组织事故应急救援,配合事故调查和处理。
生产负责人	参与编写安全管理规划,落实安全管理规划的相关要求; 参与编写安全专项方案和技术措施,并组织落实; 参加深基坑、模板支撑体系、高大脚手架等危险源的安全验收; 组织大中型机械设备、重要防护设施和消防设施的安全验收; 组织开展安全文化建设及达标创优活动; 落实国家、地方政府及企业开展的有关安全生产活动; 落实安全生产费用投入,监督审核分包分供单位安全生产投入计划; 落实应急救援设备和设施,组织开展应急演练; 履行领导带班职责,组织安全生产检查,落实隐患整改; 主持召开安全生产会议,解决安全生产问题,制定安全防范措施; 发生伤亡事故时,组织抢救人员、保护现场,配合事故调查。
技术负责人	对项目安全生产技术负总责; 落实安全技术标准规范,配备关于安全技术的标准、规范; 负责组织编制危险性较大的分部分项工程安全专项施工方案; 组织危险源的识别、分析和评价,组织编制危险源清单; 组织安全技术方案的交底工作,监督方案的落实情况; 组织现场危险性较大的分部分项工程、特殊防护设施验收; 履行领导带班制度,参加安全生产检查; 参加安全生产会议,提出技术应对措施; 应用安全生产新材料、新技术、新工艺、新设备; 禁止使用淘汰、禁用产品、工艺、设备; 总结推广安全生产科技成果及先进技术; 参加事故应急救援,配合事故调查处理,制定技术防范措施。

续表

经营负责人	审核投标项目安全生产措施费的合理性及合规性; 按照工程承包合同约定的方式和标准,及时核算安全生产措施费用; 及时支付安全生产费用; 审核分包、分供方安全生产、文明施工措施费合规性; 负责安全生产措施费的统计分析工作。
安全负责人	宣贯安全生产法律法规及有关规定; 督促配备安全管理人员和落实安全生产费用; 制定有关安全生产管理制度和生产安全事故应急预案; 负责安全管理规划的编制并组织实施,参与危险源清单审核工作; 参加现场机械设备、安全防护设施、临电设施等设备设施的验收; 组织安全生产检查,组织安全员开展安全日检,督查隐患整改; 落实安全教育、培训、持证上岗的相关规定,组织作业人员入场安全教育; 组织开展安全生产月、安全达标创优活动,及时上报有关活动资料; 负责监督分包单位的安全管理; 开展应急救援,及时如实上报生产安全事故。
质量负责人	负责工程建设所需生活用房等临时设施的质量管控; 负责工程项目的质量管控; 参与大型机械、施工机具等进场验收; 参与现场机械设备、安全设施的验收; 参与操作架、卸料平台等的质量控制及验收; 参与危险性较大及超过一定规模的危险性较大的分部分项工程的验收; 参加安全生产、文明施工检查,组织制定隐患整改措施; 在危险性较大工程施工中,负责现场指导和监督; 参加事故应急救援,配合事故调查。
机电负责人	负责工程建设所需的临水、临电、临时消防等临时设施的质量管控; 负责监督机电分供、分包单位落实安全生产责任; 负责制定专项安全技术方案,落实交底工作; 组织机电分部分项工程的危险源辨识; 组织参加安全生产检查,督促隐患整改落实情况; 组织对现场机电设备的验收; 参加事故应急救援,配合事故调查。
责任工程师	执行安全施工方案,向作业人员进行安全技术交底; 检查作业人员执行安全技术操作规程的情况,制止违章作业行为; 参加辖区内设备设施的验收,并对设备的使用情况进行过程监控; 参加安全生产、文明施工检查,针对辖区内的安全隐患制定整改措施并落实; 在危险性较大工程施工中,负责现场指导和监督; 参加事故应急救援,配合事故调查。

二、主要职能部门安全生产责任

安全生产 管理部门	落实入场作业人员的培训工作； 参与制定安全管理制度并监督落实； 监督同级职能部门和各岗位人员安全生产责任的落实情况； 开展安全检查，制止并纠正现场"三违"现象，发现并处置安全隐患； 对危险性较大工程安全专项施工方案实施过程进行旁站式监督； 对各类检查中发现的安全隐患督促落实整改，对整改结果进行复查； 参加现场机械设备、电力设施、安全防护设施和消防设施的验收； 建立安全资料档案，如实记录，及时收集各项安全管理资料； 开展应急救援，及时如实上报生产安全事故； 贯彻落实消防保卫法规、规程； 制订工作计划，编制消防安全管理制度，并对执行情况进行监督检查； 对职工进行消防安全教育，会同有关部门对特种作业人员进行消防安全考核； 组织消防安全检查，督促有关部门对火灾隐患进行整改； 负责施工现场的保卫工作，统计分析发生事故的原因，并提出防范措施。
经营管理部门	审查分包、分供资质，审核起重设备安装单位安装资质； 明确合同双方的权利义务及安全责任等； 制订安全生产投入计划，统计费用清单； 配合完成项目履约过程中有关安全生产的其他经济事项。
物资管理部门	负责采购劳动防护用品，储备现场应急救援物资； 负责现场防护用品的验收和安全使用； 负责施工现场材料堆放安全； 对采购、租赁的材料、物资等的质量负责。
生产管理部门	参与设备使用相关方案的编制； 参与设备租赁评审； 对现场设备进行初检； 负责大型机械设备安装的旁站工作； 做好安装验收记录，建立设备进出场台账； 监督设备操作人员按操作规程作业； 监督起重设备安装、使用、拆除手续的合法性； 监督、检查产权单位对施工设备的维修保养及资料整理。

第五节　目标责任书

一、员工安全生产责任状

项目名称		签订日期	
责任人姓名		责任人岗位	
责任目标			
工作职责			
奖惩			
编制人		岗位责任人	
项目安全负责人		项目负责人	

二、项目分包安全管理目标责任书

分包名称		进场时间	
资质等级		工人数量	
分包范围			
责任书内容			
奖惩			
编制人		分包负责人	
项目安全负责人		项目负责人	

第四章 技术规划

技术规划是项目管理人员在项目施工全过程中进行的涉及所有技术管理的工作，是项目实现的基础。技术管理坚持模板化、标准化、精细化原则，模板化是对现有技术经验的总结，标准化是同类别项目技术标准的规范统一，精细化是通过技术追求成本优化，保证技术措施可靠、经济。技术管理离不开技术规划。

技术规划包含项目设计图纸供应计划、项目深化设计工作计划、设计交底与图纸会审工作计划、图纸会审分工表、主要施工方案编制工作计划、施工方案审核要求、模板及架料供应方案计划、监测设备配置工作计划、技术交底表、变更设计记录表、建设工程质量检测计划表、建筑工程施工档案资料、竣工专项验收目录、进度计划（分包方进场工作计划、物资需求方案工作计划、总进度计划、重要节点控制计划、专业进度计划）等。

技术规划，图纸先行。项目技术部门配合业主方，按项目设计图纸供应计划跟踪设计提供全套图纸，根据合同约定及设计图纸要求，提前落实并熟悉国家、行业、项目所在地颁布的相关施工图集、技术标准及规范。设计单位对项目要求、结构建筑设计特点、工艺布置与工艺要求、设计意图、施工中注意事项进行设计交底后，项目内部应先进行图纸内部审核。项目部组织管理人员及分包班组管理人员在设计交底的基础上，全面熟悉各专业图纸、了解设计意图、检查图纸存在的各类问题及各专业图纸存在的矛盾，明确质量要求。对发现的图纸中存在的问题，涉及影响质量、安全、进度、成本，存在施工难度等的问题，汇总形成内部评审记录及处理意见，根据图纸会审工作计划跟踪建设单位与监理单位组织正式图纸会审，并形成书面图纸会审记录，设计单位签字盖章后作为现场技术管理及施工依据。

设计院进行设计变更，或项目部在施工过程中发现设计图纸各专业矛盾（或同一专业前后矛盾、图纸做法与中标清单不一致）、地质勘探资料与现场地质情况不符、按图施工易导致质量安全事故、更好的降本增效方法等情况时，提出合理建议，按合同约定办理相关书面手续，并做好变更设计记录表（含技术类核定单）。

施工方案是以一个分部或分项工程为编制对象，用以指导分部分项工程各项活动的技术、经济的综合性文件。开工前，项目部应确定所需编制的专项技术施工方案、专项安全施工方案的范围，制订施工方案编制工作计划。

施工方案由项目总工(技术负责人)组织编制,在专项工程施工前编制完毕并报审核通过后实施;分包工程的施工方案由分包单位技术人员编制。施工方案的内容必须符合国家规范、地方规定和要求,施工方案的编制必须结合本项目的实际情况。必须以书面形式对审核通过的施工方案进行交底,然后才能施工。在实施执行阶段,项目总工(技术负责人)应对施工方案进行检查核对,并在实施过程中根据工程实际情况组织必要的修订、完善。

根据项目特征及施工方案,确定主要材料供应计划、监测设备配置工作计划,监督项目部相关责任部门提前落实对监测设备的采购及保管,设备(含分包分供的监测设备)台账、检测及检测报告的提供,合格后方可投入使用。

项目部应建立项目现场试验室,做好试验设备的维护保养等工作。依据法律法规、建设工程质量检测合同、审查合格的设计文件和标准规范,项目部会同建设单位,按项目进度及材料进场计划,确定施工试验计划、见证取样计划,编制建设工程质量检测计划,并按施工进度提前落实相关检测工作,做好试验报告单的收集及存档工作;建立、编制、整理及保存试验台账;工程质量检测报告在竣工时作为施工资料的一部分。

建筑工程施工档案资料是项目竣工交付使用的必备条件,是反映工程质量的重要文件,是工程交付使用和管理、维修与检查、改建和扩建的依据。项目部须设置专职资料员,负责项目施工资料收集、整理、归档工作,项目技术负责人负责对施工资料的审核把关,在竣工验收后移交城市档案部门。

第一节　技术规划方案

一、技术规划说明

（一）项目部根据经审核通过的施工图、施工合同及合同交底、公司管理体系文件等要求进行技术规划。

（二）工作计划表中"责任人"均为总包方相应岗位管理人员，即责任主体是总包方（需具体到个人），执行主体可以是分包单位及个人。

二、技术管理规划方案

（一）内容：项目设计图纸供应计划、项目深化设计工作计划、设计交底与图纸会审工作计划、图纸会审分工表、主要施工方案编制工作计划、施工方案审核要求、周转材料供应方案计划、监测设备配置工作计划、技术交底表、变更设计记录表、建设工程质量检测计划表、建筑工程施工档案资料、竣工专项验收目录、进度计划（分包方进场工作计划、物资需求方案工作计划、总进度计划、重要节点控制计划、专业进度计划）等。

（二）依据：根据审核通过的施工图、施工合同及合同交底、公司管理体系文件等要求进行技术规划。

（三）要求：项目技术规划必须满足合同相关要求及项目特征要求。

三、项目进度计划规划方案

（一）内容：总进度计划、重要节点控制计划、专业进度计划。

（二）依据：施工合同、项目规模及体量、施工内容及难度、关键工序及关键线路、现场情况（施工场地及周边地形图、道路及交通、原有建筑等内容）、节假日、雨季、高温及冬季施工、资源组织等。

（三）要求：

1. 确保施工合同对总进度计划、重要节点控制计划的要求；

2. 确保专业进度计划满足总进度计划和重要节点控制计划的要求；

3. 确定关键工序和关键线路，编制总进度计划和重要节点控制计划网络图；

4. 编制专业进度计划甘特图。

5. 具体要求见后续施工规划。

四、项目图纸供应规划

（一）基本要求：明确项目设计内容、施工图纸供应时间、责任人，提前落实图纸，并经相关部门审核通过，为施工做好依据。

（二）项目设计图纸供应计划见附表 4-1。

五、项目深化设计规划

（一）基本要求：明确深化设计内容、完成时间、责任人，通过深化或优化设计，达到完善使用功能、方便施工、加快进度或缩短工期、降低成本等目的。

（二）项目深化设计工作计划见附表4-2。

六、设计交底与图纸会审规划

（一）内容：

施工图内审工作、设计院对项目部进行设计交底和图纸会审工作。

（二）要求：

1. 分阶段提供施工图的项目，根据进度计划确定施工图提供时间，并于合同签订后或项目部组建后5日内提交给业主。

2. 内部图纸会审：内部图纸会审由项目技术负责人组织相关人员（含分供方单位）进行，形成内部图纸会审记录，作为正式会审的准备资料。

3. 正式会审（设计交底及图纸会审）：一般分专业进行，由建设单位组织，设计单位向施工单位就设计意图、施工工艺、技术要求、注意事项等进行介绍和交底，解答有关问题。图纸会审相关记录中需明确已解决问题及解决方案，涉及未解决问题及事项，需明确后续跟进责任人及完成时间。

（三）设计交底与图纸会审工作计划见附表4-3。

七、主要施工方案选择及编制规划

（一）内容：

1. 主要施工方法的选择；

2. 主要施工方案编制计划。

（二）要求：

1. 根据工程特点及工期、质量、安全等因素，确定主要施工方法，并简要说明施工方法。

2. 确定所需编制的施工方案（专项技术施工方案、专项安全施工方案）的范围，编制项目主要施工方案编制工作计划。

3. 施工方案由项目技术负责人组织编制（其中分包工程施工方案由分包方负责编制），在专项工程施工前15天内编制完毕。

（三）项目主要施工方案编制工作计划见附表4-4。

八、周转材料规划

（一）内容：

1. 模板、木方等周转材料的投入部署计划（即配置方案）。

2. 架管扣件、模板架料、爬架、卸料平台、外架支撑工字钢（或槽钢）等周转材料的采购方式(即供应方式)。

(二)要求:根据进度计划、施工部署确定模板架料等周转材料的投入部署计划(即配置方案);根据分供方采购方案、风险评估确定周转材料的供应方式。

(三)周转材料供应方案计划见附表4-5。

九、施工设备配置规划

(一)内容:总包方自行施工及分包工程的施工机械和设备的配置方案。

(二)要求:根据分包方采购方案、施工部署、平面布置、主要施工方案、施工合同对施工机具配合专业分包的约定,确定施工机械的规格型号、数量、进出场时间,同一规格型号不同进出场时间的设备,必须分别编制。

(三)主要施工设备配置工作计划见附表4-6。

十、分供方采购方案规划

(一)内容:分包方式、进场计划。

(二)范围:

1. 总包方自行施工工程的劳务分包、专业分包规划(分包方式、进场计划);

2. 甲指专业分包规划(进场计划)。

(三)要求:

1. 根据工程规模、特点、施工内容及难度、质量及工期进度、项目管理定位、资金情况、周边社会关系、资源组织、风险评估等情况,确定自行施工工程的分包方式及各分包工作范围。

2. 根据进度计划和施工部署,确定分包方进场计划。

(四)分包方进场工作计划见附表4-7。

十一、物资需求方案规划

(一)内容:钢筋、混凝土、砖、砂石、水泥、钢结构、屋面、防水材料等耗材的采购方式、进场时间。

(二)要求:根据施工合同、分包方式、工作量大小、风险评估等确定物资材料的供应方式及进场时间;涉及数量由经营造价部门提供,涉及招采事项在经营规划中明确。

(三)物资需求方案工作计划见附表4-8。

十二、监测设备配置方案

(一)内容:监测设备的配置及来源。

(二)要求:根据工程规模、性质、特点、施工内容及难度、工期进度、分包方式等内容,确定项目施工管理的监测设备配置计划和进场计划。

(三)监测设备配置工作计划见附表4-9。

十三、技术交底

（一）内容：简要说明施工布置、主要施工方法、关键施工技术及可能存在的问题，特殊工程部位的施工技术要求及注意事项，新技术、新工艺、新材料、新设备的技术要求与实施方法，施工技术规范、质量标准和安全技术以及安全操作规程，施工内容和难度、工期要求、质量保证措施、安全保证措施、文明施工要求及环境保护措施等内容，确定技术交底内容。

（二）要求：作业时间安排，材料、机械，操作工艺，质量标准及验收，安全生产及环保措施，成品保护。

（三）技术交底表见附表 4-10。

十四、设计变更记录

（一）内容：简要说明原图纸设计情况、新增变更原因、新增变更设计方案、责任划分、变更后增减费用承担方。

（二）要求：建设单位、设计单位、监理单位、审计单位、施工单位召开多方会议（根据合同约定需参与单位）。

（三）变更设计记录表见附表 4-11。

十五、工程质量检测计划

（一）内容：工程质量检测计划。

（二）要求：包括地基与基础、主体结构、建筑装饰装修、屋面、建筑给水排水及供暖、通风与空调、建筑电气、建筑节能、智能建筑、电梯共 10 个分部工程。项目编码、项目名称按照项目所在地计价标准、规范和有关政策文件确定。检测项目、工程量、计量单位、检测参数、检验批容量、抽样依据按照法律法规、审查合格的设计文件和标准规范要求确定。

（三）建设工程质量检测计划表见附表 4-12。

十六、工程资料及竣工验收事项

（一）内容：工程资料及竣工专项验收事项。

（二）要求：竣工验收时需提供的相关资料、完成的相关专项验收，这是工程验收的必要条件。

（三）建筑工程施工档案资料见附表 4-13。

（四）竣工专项验收目录见附表 4-14。

第二节 技术规划附表

附表 4-1

项目设计图纸供应计划

（施工过程中进一步完善）

序号	施工图内容	图纸提供时间	责任人	备注
1	建筑			
2	结构			
3	给排水			
4	暖通			
5	电气			
6	弱电			
7	幕墙			
8	泛光照明			
9	室内装饰			
10	景观绿化			
11	室外工程			
12	其他专业			
13	……			

注：项目部组建后5日内由项目总工向发包方、监理提交本计划。

附表 4-2

项目深化设计工作计划

（施工过程中进一步完善）

序号	施工图深化设计内容	开始时间	完成时间	审核完成时间	责任人
1	基坑支护深化设计				
2	主体结构深化设计				
(1)	钢结构				
(2)	……				
3	机电安装深化设计				
(1)	智能化				
(2)	……				
4	室内装饰深化设计				
	……				
5	外幕墙深化设计				
	……				
6	室外工程深化设计				
	……				

附表 4-3

表 4-3-1　设计交底与图纸会审工作计划

序号	会审图纸内容	设计交底时间	内审时间	会审时间	责任人	参加部门及人员
1	支护工程					
2	主体结构工程					
3	设备基础					
4	室内装饰工程					
5	外墙装饰工程					
6	机电安装施工图					
7	室外管网及市政工程					
8	……					

注：项目部组建后 10 日内由项目总工向发包方、监理提交本计划。
图纸会审的重点内容包括：
○ 施工图纸设计单位签章是否齐全、是否通过相关审核机构审查并签章。
○ 合同承包范围是否与图纸符合，承包范围内的图纸是否齐全。
○ 图纸做法与投标清单存在矛盾不一致的问题。
○ 存在各专业矛盾或同一专业前后矛盾的问题，存在不能施工或施工难度大的问题。
○ 存在容易导致质量、安全或增加费用等方面的问题。
○ 关键工序是否可以通过设计进行优化，以增加工程进度，减少工程成本。
○ 在满足设计功能的前提下，从经济角度对图纸进行修改的建议。
○ 施工难度大，通过设计修改可以减少难度，容易保证质量的施工问题。
○ 是否有违反强制性条文或项目所在地验收标准的问题。
○ 是否采用了特殊材料或新型材，能否满足要求。

表 4-3-2　图纸会审分工表

序号	责任人	重点工作内容
1	项目负责人	(1) 确保建筑、结构、机电、装饰等专业之间的科学协调、经济合理、安全可靠,最大限度地满足使用功能。 (2) 在确保结构安全和满足使用功能的前提下,方便施工和资源组织、缩短工期、降本增效。
2	技术负责人	(1) 确保结构安全、功能满足使用要求;重要施工工艺和方法在满足质量的前提下,方便施工和资源组织、缩短工期、降本增效。 (2) 积极推广新技术的应用。 (3) 为设计优化、深化做铺垫和准备工作。 (4) 确保施工图符合现行施工质量验收规范、技术规范规程、设计规范、有关法律法规文件规定,不得违反国家强制性规范条文等内容。
3	生产负责人	(1) 关于施工可行性方面的问题,如通过设计修改降低施工难度、便于施工部署、提高施工质量。 (2) "四新"技术的应用,处理与施工难度、成本、资源组织、专业配合、进度管理等方面的关系。 (3) 与其他专业配合,通过相关专业改善/改变施工工艺、方法等措施,方便施工、降低成本。 (4) 方便组织形成流水施工作业。
4	经营负责人	(1) 在确保结构安全和满足使用功能的前提下,通过设计/技术变更、材料代换等方式,方便施工、降本增效。 (2) 确保工程款回收,降低支付压力。
5	机电员	(1) 完善使用功能、便于资源组织、降低施工难度、配合交圈、降本增效。 (2) 做好特殊性、地域性、设计特定参数、厂家、品牌材料、设备的代换工作,减少采购难度,降低采购成本。 (3) 为设计优化做铺垫工作。 (4) 通过设计/技术变更、材料及品牌代换等方式降低支付压力。
6	施工技术员	(1) 施工做法力求具体,节点大样完善,设计深度达到有关规定。 (2) 建筑图与结构图二者的轴线、标高、方法等一致。 (3) 土建与机电、装饰、幕墙等专业预留预埋相互衔接、交圈。

注:此为样表,具体根据项目特征、管理人员职责调整。

附表 4-4

主要施工方案编制工作计划

（施工过程中进一步完善）

分类	序号	施工方案名称	编制责任人	编制完成时间	审核责任人	审核完成时间	交底时间	交底责任人	类别
专项技术方案	1								
	2								
	3								
	4								
	5								
专项安全施工方案	1								
	2								
	3								
	4								
	5								

注：专项技术施工方案主要内容：
○ 对工艺要求比较复杂或施工难度较大的分部或分项工程专项技术施工方案；
○ 采用新技术、新工艺、新材料，可能影响建设工程质量而编制的专项技术施工方案；
○ 不属于"四新"技术，但普通项目很少涉及的工艺、技术；
○ 为确保建筑工程使用功能而编制的专项技术施工方案。
专项安全施工方案主要内容：
○ 外架施工方案（包括搭设、使用、拆除及计算书）；
○ 各种模板工程施工方案（包括计算书）；
○ 施工现场临时用电施工方案；
○ 起重机吊装作业方案（根据项目实际情况编制）；
○ 安全专项防护方案；
○ 其他专项安全施工方案。
施工方案审核要求：
○ 一类：由企业组织专家论证后，报监理和发包方审核批准；
○ 二、三类：由企业组织评审后，报监理和发包方审核批准；
○ 四类：由项目经理审核同意后，报监理和发包方审核批准；
○ 一、二、三、四类：所有施工方案须经项目部论证审核。

附表 4-5

周转材料供应方案计划

序号	名称	规格型号	物资采购单位(打"√")				责任人
			甲供	采购	租赁	分包方	
1	模板						
2	架料						
3	盘扣脚手						
4	钢管脚手						
5	移动脚手						
6	……						

附表 4-6

表 4-6-1 主要施工设备配置工作计划

序号	机械设备名称	规格/型号	配置数量	进场时间	退场时间	责任人	机械设备来源(打√)			
							自有	采购	租赁	分包提供
1	塔吊									
2	升降机									
3	登高车									
4	挖机									
5	压路机									
6	摊铺机									
7	吊车									
8	吊篮									
9	电焊机									
10	……									

表 4-6-2 分包方主要施工设备配置工作计划

序号	机械设备名称	规格/型号	配置数量	进场时间	退场时间	责任人
1	登高车					
2	挖机					
3	电焊机					
4	……					

附表 4-7

表 4-7-1 自行分包工程分包方案和进场计划表

序号	标段名称及工作内容	分包方式	进场时间	责任人
一	建筑结构工程			
1	主体劳务	劳务分包		
2	……	……		
二	装饰装修工程			
1	墙面饰层	专业分包		
2	……	……		
三	机电安装工程			
1	消防工程	专业分包		
2	……	……		

表 4-7-2 甲指分包工程进场计划表

序号	专业工程名称	招标完成时间	进场时间	完成时间	调试完成时间	单项验收完成时间	责任人
1							
2							
3							
4							
5							
6	……						

注：项目部组建后 10 日内由项目经理向发包方、监理提交本计划。

附表4-8

物资需求方案工作计划(总包方)

序号	名称	规格型号	数量	进场时间	责任人
1	砼				
2	钢筋				
3	模板				
4	砌块				
5	砂浆				
6	保温				
7	装饰面层				
8	电线				
9	电缆				
10	给排水管				
11	……				

附表 4-9

监测设备配置工作计划(总包方)

序号	机械设备名称	规格/型号	配置数量	进场时间	退场时间	责任人	机械设备来源(打√)			
							自有	采购	租赁	分包提供
1	全站仪									
2	经纬仪									
3	……									

注:包含钢卷尺、全站仪、经纬仪、水准仪、千分尺、游标卡尺、天平、地磅、万用表、电流表、电压表、乙炔表、氧气表、压力表、绝缘电阻测量仪、接地电阻测量仪、坍落度筒、混凝土试模、砂浆试模、塔尺、靠尺、钢板尺、塞尺、百格网、环刀、量角尺、温度计、温湿度测试仪、砂浆稠度测定仪、砂浆分层度筒等监测设备。

附表 4-10

技术交底表

项目名称	
分项工程名称	
交底单位	
交底人签字	
接受单位	
接受人签字	
时间	
交底内容	

附表 4-11

变更设计记录表

项目名称	
参与单位	
时间	
会议纪要	会议形成意见： 一、原图纸设计情况 二、新增变更原因 三、新增变更设计方案 四、责任划分 五、变更后增减费用承担
备注	
参会各方签字	

附表 4-12

建设工程质量检测计划表

序号	项目编码	项目名称	计量单位	工程量	检测项目	检测参数（要求）	计划检测批次	计划检测节点	抽样依据	备注
1										
2										
3										
4										
5										
6										
7										
8										
9										
10										

注：1. 分部工程包括：地基与基础、主体结构、建筑装饰装修、屋面、建筑给水排水及供暖、通风与空调、建筑电气、建筑节能、智能建筑、电梯；
2. 项目编码、项目名称按照项目所在地计价标准、规范和有关政策文件确定。

附表 4-13

建筑工程施工档案资料

序号	目录	子目录	归档保存单位
1	土建部分	……	
(1)	地基基础分部工程	……	
(2)	主体结构分部工程	……	
(3)	装饰分部工程	……	
(4)	屋面分部工程	……	
(5)	……	……	
2	桩基部分	……	
(1)	……	……	
(2)	……	……	
3	钢结构部分	……	
4	幕墙部分	……	
5	建筑给排水及采暖部分	……	
6	建筑电气部分	……	
7	智能建筑部分	……	
8	通风与空调部分	……	
9	建筑节能部分	……	
10	电梯	……	
11	竣工图	……	
12	……	……	

注：工程资料含管理资料、工程质量控制资料、工程安全和功能检验资料、工程质量验收资料、施工物资资料等。具体以国家现行房屋建筑工程施工档案资料组卷与归档移交目录为准。

项目开工前施工资料种类包括：
- 施工招投标文件；
- 中标通知书；
- 施工承包合同；
- 建筑工程施工许可证；
- 项目部构成及负责人的名单、职称(职位)证书和身份证复印件。

施工过程中产生的资料种类包括：
- 施工组织设计；
- 施工管理计划；
- 技术交底资料；
- 图纸会审记录；
- 会议记录；
- 施工日志；
- 施工记录；
- 工程定位(规划放线)测量等；
- 地基处理记录及相关文件；
- 工程图纸变更记录；
- 施工材料质量证明文件及复试检测报告；
- 隐蔽工程检查记录；
- 工程质量检查记录；
- 工程质量事故处理记录；
- 工程安全事故处理记录；
- 施工试验记录；
- 各专业分包商的相关文件记录等。

项目竣工验收环节中产生的技术资料种类包括：
- 各类竣工图；
- 各类工程竣工总结文件；
- 各类工程竣工验收记录；
- 各类获奖证书；
- 各类验收证书；
- 各类工程声像资料等。

附表 4-14

竣工专项验收目录

序号	手续名称	责任人	备注
1	规划专项验收		
2	防雷专项验收		
3	消防专项验收		
4	白蚁专项验收		
5	人防专项验收		
6	供电专项验收		
7	供水专项验收		
8	供气专项验收		
9	绿化专项验收		
10	附属专项验收		
11	智能化专项验收		
12	通邮专项验收		
13	雨污水管网专项验收		
14	特种设备（电梯）专项验收		
15	环保专项验收		
16	档案专项验收		
17	分户专项验收		
18	农民工支付确认专项验收		
19	……		

注：具体以项目所在地政府主管部门要求为准。

第五章　施工规划

　　施工规划包括项目管理目标工作计划（工程质量、进度及工期、安全生产、环保与文明施工、科技管理控制等）、总进度计划、施工场地接收工作计划、施工部署布置图、施工平面布置图、后续工作计划（总、分包管理沟通交底工作计划；甲指专业分包工程进度管理工作计划；项目月进度管理工作计划；项目周进度管理工作计划；土建移交机电安装工作面计划表；土建移交装饰工程工作面计划表；机电安装移交装饰工程工作面计划表；综合管网移交工作面计划表；工程专项验收、中间验收、竣工验收工作计划；甲供材料设备供应工作计划；样板间施工确认工作计划；项目协调管理工作计划）。

　　项目进度管理坚持计划管理，追求细化各项目工作进度，做到计划精准、可控。在熟悉图纸的基础上，根据项目特点和施工合同约定的开工日期、竣工日期及总工期确定施工总进度目标。施工总进度计划的内容包括：编制说明、施工总进度计划表、分部分项工程的开竣工日期及项目进度控制工期一览表、施工资源配置及施工资源供应计划表等；完成各单位工程及各施工阶段所需要的工期，最早开始和最迟结束时间；完成工程内容的关键路线、编制网络图；各单位工程及各施工阶段需要完成的工程量；各单位工程及各施工阶段所需配备的人力和机械数量；各单位工程或分部工程的施工方案和施工方法等。

　　坚持项目施工网络图关键路径法控制进度计划管理，追求进度的有效度量，追求进度与资源的匹配。建立各阶段进度控制管理组织体系，编制各项工作的工作进度计划，确定合理的施工进度控制目标。根据分解的进度计划和作业计划，匹配施工方案与技术措施，落实设备、材料、劳动力、资金等资源供应计划，合理有效地组织人力、物力和财力等资源，提高进度计划工作的科学性、预见性和指导性。落实单位工程开工条件，合理利用资源，提前考虑各工作面移交，细化项目月进度计划，落实计划交圈。

　　施工阶段强化现场指挥、组织和协调；动态调整周进度管理工作计划，实施日总结、周盘点、月例会的方式（核对进度计划的实施完成情况，分析进度计划实施存在问题及原因，分析进度执行情况对质量、安全和成本等的影响，了解资源供应与进度的匹配情况，制定下周采取的纠偏措施及计划），将进度计划、质量要求等传达到各作业面及各作业队管理人员，明确控制要求及措施，以及相关部门及人员的协作，充分履行内外协调职责。

对建设单位导致的工期延误，按照合同约定及时办理工期及费用索赔。通过进度计划的编制与实施，在过程中进行检查、总结，对存在的问题进行分析和协调，采取改进和纠偏措施，确保控制性周进度计划的实施和月进度目标的实现。达到按期或提前完成施工合同约定的工期目标，以获取合同约定的项目经营效益及社会效益为最终控制目标。

项目规划中质量计划包括确定创优目标、质量培训计划、施工场地接收工作计划、各阶段工序验收及工作面交接验收计划等相关内容。项目质量管理的范围包括质量计划、培训、控制、验收、不合格品纠正、成品保护、质量创优等工作。没有质量的进度是负进度，项目质量管理是进度管理的前提。项目质量管理的目的：确保现场施工满足行业标准、图纸要求及合同约定；通过对过程、工艺的持续改进，确保结构安全及主体工程质量零缺陷；提供符合验收规范、合同约定、顾客满意的建筑工程产品。通过对施工前、施工过程中以及施工后各阶段的有效控制，从而确保其始终按照规定的程序在受控状态下运行，保证工程质量符合要求。

工程质量创优包括：项目部依据工程承包合同中的质量创优目标及企业相关要求，建立质量保证体系，上报创优申请；主管单位收到项目部申请后，依据政府、行业协会有关创优工程管理规定对申报工程进行评审，符合要求的项目部按要求上报申报材料并履行相关审批手续后，上报主管单位。主管单位收到创优工程申报表及其他申报材料，经审核后，按规定上报创优工程评审机构。创优过程管理：主管单位批准的创优项目，由主管单位进行质量创优交底，主管单位或项目部自行组织有关专家对项目人员进行专题培训。项目负责人严格按照主管单位审批的工程创优要求、项目部创优规划和创优方案组织实施；项目技术负责人组织各专业责任工程师在每道工序开工前对作业人员逐级交底。主管单位依据有关工程质量创优标准对项目创优实施过程进行监控，当工程实施过程中出现的偏差无法满足工程评优标准要求时，主管单位有权终止项目创优申报；项目部依据评优机构的工程评审计划，组织项目部做好迎检工作，接受创优工程现场评审。

质量培训包括针对国家发行的新规范、新规程、新标准、新技术，以及实施项目需用的规范、标准、规程，由主管单位或项目部组织对项目部相关人员进行的培训；针对施工工艺标准的执行，项目部对协作队伍、作业班组进行的培训。

项目负责人是工程项目质量的第一责任人，对项目的工程质量负全面责任。项目质量过程控制包括对组织机构、质量目标、职责和权限、资源管理的过程管理控制。项目质量管理控制因素包括人员、机械、材料、方法、环境。项目质量管理相关负责人参与项目施工组织设计、质量计划和施工方案的评审。项目部依据工程质量目标建立适宜的质量保证体系和质量保证措施；组织对质量管理责任工程师进行质量培训和工作交底。各专业责任工程师严格按照管理流程进行工作，做好全过程质量控制及工程的检查验收，确保每道工序的质量受控，发现偏差应及时向分包分供单位签发整改通知书，监督整改并进行整改验收；同时项目部需督促分包分供单位的成品保护。

成品保护的范围包括进场原材料、半成品和成品、中间产品和最终产品。成品保护从工程开工至竣工交付使用止,贯穿项目施工全过程;做好全过程的成品保护,发现问题及时整改,是质量控制的一个重要环节。项目部技术负责人针对不同工序、施工阶段编制成品保护方案,由质量员在各分项工程施工前对施工人员进行交底,组织落实。施工过程成品保护由项目生产负责人直接领导,按分项工程划分,各分项工程的责任工程师为成品保护责任人,各分包单位为成品保护的执行人,项目质量员为成品保护的监督人,出现有损坏成品的行为及时向分包分供方发出整改通知单,并监督纠正。项目责任工程师应按程序施工,施工工序要有利于成品保护;施工过程中多道工序施工时,必须对相邻工序或同步工序进行保护。项目部要建立成品保护工序交接制度,交接制度由责任工程师负责,上一道工序班组长向下一道工序班组长交接。

工程的检查验收按照工序验收、分项工程、分部工程、单位工程分层次进行。项目部严格按相关要求落实质量管理各过程的实施活动,使人、机、料、法、环五个因素得到持续有效的落实与保持;出现不符合要求的情况,项目部必须实行逐级纠正制度,应向责任单位发送整改通知单并采取纠正措施,监督实施。过程中如出现潜在不合格问题、质量通病等问题,应对其原因进行分析,编制整改方案及预防措施,并监督实施。

每一道工序施工严格执行"三检"制度,由项目部质量员组织,完成后在班组自检合格的基础上先由项目质量员组织进行预检,合格后再报请监理工程师验收;监理工程师验收合格后进行下一道工序并填写相关验收记录表。分项工程验收由项目部技术负责人组织质量员/质量管理责任工程师对构成分项工程的各检验批的验收资料进行检查,要符合分项工程验收条件;分项工程项目自检合格后,向监理工程师申请分项工程验收,由监理工程师组织、项目部参与进行分项验收,验收合格后由验收人员填写相关验收记录表并签字。

分部工程完成后,项目技术负责人组织相关技术管理人员按照《建筑工程质量验收统一标准》及相关专业规范的要求进行自检;确保分部工程所含分项工程经验收合格,验收资料齐全、有效。在分部工程自检合格的基础上,由项目部按照《建筑工程质量验收统一标准》及相关专业规范的要求负责对涉及安全和使用功能的重要部位进行抽样检验或检测,并对分部工程的观感质量进行检验。在资料检查及功能抽样检验合格的基础上,项目技术负责人向监理单位申请分部工程验收,由监理工程师组织进行验收。分部工程质量验收合格后,填写验收记录,各方签字。

项目部负责对单位工程实体质量和资料归档情况进行全面检查,条件合格后进行单位工程交工预检。单位工程预验合格后,项目技术负责人报请监理单位申请验收。由业主、勘察设计、监理及施工单位对该单位工程进行交工验收,合格后各方填写相关验收记录表并签字,并将竣工资料移交业主、档案馆,完成备案,施工单位保留一套竣工资料原件。工程竣工验收后,项目部配合建设单位做好与项目使用方的整体移交手续。

第一节　施工规划方案

一、施工规划说明

（一）项目部根据经审核通过的施工图、施工合同及合同交底、公司管理体系文件等要求进行规划。

（二）为了提高施工规划效率，施工规划阶段的部分工作内容纳入后续施工阶段完善，项目部在后期施工阶段逐步完成。

二、施工管理目标规划方案

（一）内容：施工质量、进度、安全（具体见安全规划）、环保、文明施工、科技管理等。

（二）依据：施工合同、项目管理目标责任书、公司等要求。

（三）要求：项目管理目标规划要求不得低于主合同的相关要求。

（四）项目管理目标工作计划见附表 5-1。

三、施工场地接收规划方案

（一）内容：水准点交接、红线图交接、方格网测量、施工道路、水源、电源、地下管线等交接内容。

（二）依据：项目情况及主合同要求。

（三）要求：确保项目正常推进。

（四）施工场地接收工作计划见附表 5-2。

四、施工部署规划方案

（一）内容：基础阶段、主体阶段、装饰阶段、收尾阶段分区分段安排及流水组织。

（二）要求：分阶段对主要施工内容进行施工部署规划。

1. 基础阶段：支护、土方开挖及基础结构施工部署；
2. 主体阶段：混凝土结构、钢结构及砌体施工部署；
3. 装饰阶段：机电安装、室内装饰、外幕墙施工部署；
4. 收尾阶段：管网、市政、园林绿化施工部署。

（三）施工部署布置图按具体项目编制。

五、施工区平面布置规划

（一）内容：施工道路、场地硬化、材料堆场、加工棚（钢筋、机电、装饰）、垂直运输设备

（塔吊、人货电梯、物料提升机等）、混凝土输送泵、临时水电、库房、临时办公室等的部署计划。

（二）要求：结合现场规划，根据施工不同阶段（地基与基础、主体结构、安装及装饰、附属配套工程等阶段），分阶段进行施工区平面布置及场内交通布置，并绘制施工区平面布置图，必要时，根据合同节点要求增加平面布置图。

（三）施工区平面布置工作计划参考"现场规划"具体要求，根据具体项目编制。

（四）施工平面布置图参考"现场规划"具体要求，根据具体项目编制。

第二节　施工规划附表

附表 5-1

项目管理目标工作计划

序号	目标名称	管理目标	责任人
1	工程质量		
2	进度及工期		
3	安全生产		
4	环保、文明施工		
5	科技管理		

附表 5-2

施工场地接收工作计划

序号	场地接收内容	具体要求（按合同执行）	责任人	移交完成时间
1	水准点交接			
2	红线图交接			
3	方格网测量			
4	施工道路			
5	水源			
6	电源			
7	地下管线			
8	……			

注：项目部组建后 5 日内由项目总工向发包方、监理提交本计划。

附表 5-3

质量培训记录

项目名称	
受培训单位	
受训时间	
受训地点	
培训人	
主要内容	
培训人	
项目负责人	

附表 5-4

整改通知单

项目名称		分包分供负责人	（签收）
检查日期		检查性质	常规检查
签发日期		签发部门	
整改性质		限期整改	
整改要求			

检查类别	序号	整改项目	发现问题
质量类	1		
	2		
	3		

注：项目部应定人、定措施、定时间对存在问题进行处理。

第三节　项目后续工作计划编制任务表

序号	工作内容	链接文件
1	总、分包管理沟通交底工作计划	样表 5-1
2	甲指专业分包工程进度管理工作计划	样表 5-2
3	项目月进度管理工作计划	样表 5-3
4	项目周进度管理工作计划	样表 5-4
5	土建移交机电安装工作面计划表	样表 5-5
6	土建移交装饰工程工作面计划表	样表 5-6
7	机电安装移交装饰工程工作面计划表	样表 5-7
8	综合管网移交工作面计划表	样表 5-8
9	工程专项验收、中间验收、竣工验收工作计划	样表 5-9
10	甲供材料设备进场工作计划(含甲指专业分包工程)	样表 5-10
11	样板间施工确认工作计划(含甲指专业分包工程)	样表 5-11
12	项目协调管理工作计划	样表 5-12
13	……	

样表 5-1

总、分包管理沟通交底工作计划

交底内容	交底责任人	接收接受人	交底时间（填报具体时间）
总、分包管理沟通交底	项目负责人	总、分包管理人员	分包方进场后 5 日内

交底内容说明（分包方包括甲指分包方、总包自行分包工程的分包方）：
1. 总包方向分包方介绍：施工总平面布置、施工部署、劳动力计划、进度计划、质量及安全管理、施工穿插配合管理、内控工作流程、总包方管理人员的分工和合作等内容。同时，向分包方就分包方式、分包范围及双方的责权利等分包合同的主要内容进行交底。
2. 分包方向总包方介绍：管理人员分工、施工部署、劳动力安排、作业班组组成及来源、作业班组分工、作业班组与劳务公司之间的组织模式、劳务公司与作业班组的结算及付款方式等内容。

样表 5-2

甲指专业分包工程进度管理工作计划

序号	专业分包工程进度计划名称	提交监理审批时间	监理审批完成时间	责任人
1	土方开挖及支护施工进度计划			
2	钢结构工程施工进度计划			
3	幕墙工程施工进度计划			
4	机电安装工程施工进度计划			
5	建筑智能化施工进度计划			
6	电梯安装调试进度计划			
7	室内装修工程施工进度计划			
8	高低压配电安装调试进度计划			
9	附属工程施工进度计划			
10	室外园林绿化施工进度计划			
11	……			

说明：
1. 开工前 10 日内提交监理审批，开工前 5 日内监理审批完成。
2. 甲指专业分包需符合国家法律法规相关要求。

样表 5-3

项目月进度管理工作计划

本表顺序号:第___月

项目名称:		报告期:___年___月___日—___年___月___日	
一、本月工作情况汇报(上月_____号至本月_____号)			
序号	本月工作计划	实际完成情况	迟后原因分析及措施	责任人
1				
2				
3				
4				
二、次月工作计划(本月 26 号至下月 25 号)			
序号	次月工作计划	需要限时解决的问题	责任人
1			
2			
3			
4			

项目负责人(审核):　　　　填报人(生产负责人):　　　　时间:

编制要求:
1. 分专业、分区(栋号)、分部位详细统计。
2. 根据节点时间和各项工作量大小,并结合紧前、紧后工序的逻辑关系,采用倒排工期方式,编制进度计划。
3. 根据进度计划、工作量和劳动效率确定劳动力需用计划,同时配置材料设备计划。
4. 月进度计划是总进度计划的支持性计划。
5. 每月 25 日前编制审批完毕。

样表 5-4

项目周进度管理工作计划

本表顺序号:第___月第___周

项目名称：		报告期：___年___月___日—___年___月___日		
一、本周工作情况汇报（本周一至周日）				
序号	本周工作计划	实际完成情况	迟后原因分析及措施	责任人
1				
2				
3				
4				
二、下周工作计划（下周……）				

说明：
1. 略
2. 略
3. 略
4. 略
5. 每周日前编制审批完毕。

样表 5-5

土建移交机电安装工作面计划表

序号	主要部位	工作面验收要求	最迟移交时间	移交责任人	接收责任人
1	电梯机房、井道、机坑				
2	制冷机房				
3	空调机房				
4	风机房				
5	锅炉房				
6	消防泵房				
7	生活泵房				
8	地下室集水坑				
9	消防控制室				
10	建筑智能化机房				
11	高低压配电室				
12	管道井				
13	电缆井				
14	风道井				
15	屋顶设备基础				
16	转换层/设备层				
17	房间				
18	厨房				
19	卫生间				
20	淋浴间				
21	水处理间				
22	热交换间				
23	地下室				
24	……				

说明：根据项目具体情况，可以分栋、分单元、分楼层、分部位移交，砌体开始时本表编制完成，生产负责人为编制责任人与责任方，机电负责人为协助与验收方。

样表 5-6

土建移交装饰工程工作面计划表

序号	主要部位	工作面验收要求	最迟移交时间	移交责任人	接收责任人
1	电梯前室				
2	楼梯				
3	会议室				
4	多功能厅				
5	大厅				
6	客房				
7	厨房				
8	卫生间				
9	洗浴间				
10	外墙				
11	车库地面				
12	舞台				
13	……				

说明:根据项目具体情况,可以分栋、分单元、分楼层、分部位移交,砌体开始时本表编制完成,土建生产负责人为编制责任人与责任方,装饰生产负责人为协助与验收方。

样表 5-7

机电安装移交装饰工程工作面计划表

序号	主要部位	工作面验收要求	最迟移交时间	移交责任人	接收责任人
1	管道井				
2	电缆井				
3	水泵房				
4	制冷机房				
5	水处理间				
6	屋面				
7	会议室				
8	多功能厅				
9	大厅				
10	电梯				
11	扶梯				
12	客房				
13	厨房				
14	卫生间				
15	洗浴间				
16	舞台				
17	……				

说明：根据项目具体情况，可以分栋、分单元、分楼层、分部位移交，砌体开始时本表编制完成，机电负责人为编制责任人与责任方，生产负责人为协助与验收方。

样表 5-8

综合管网移交工作面计划表

序号	主要部位	工作面验收要求	最迟移交时间	移交责任人	接收责任人
1	雨水管网				
2	污水管网				
3	强电管网				
4	自来水				
5	燃气				
6	消防				
7	弱电				
8	亮化				
9	绿化水				
10	……				

说明：根据项目具体情况，可以分区域、分块移交，附属工程开始前 30 天本表编制完成，机电负责人为编制责任人与责任方，生产负责人为协助与验收方。

样表 5-9

工程专项验收、中间验收、竣工验收工作计划

序号	专项、中间验收工程名称	自行预验收时间	第三方验收时间	责任人
1	基础工程中间验收			
2	主体机构中间验收(可分段进行)			
3	消防工程专项验收			
4	电梯、扶梯专项验收			
5	高压配电专项验收			
6	项目规划专项验收			
7	节能工程专项验收			
8	环保工程专项验收			
9	人防工程专项验收			
10	竣工验收			
11	……			

注：项目开工后 30 日内(基础验收前 5 日内)由项目负责人向发包方、监理提交本计划。

样表 5-10

甲供材料设备进场工作计划(含甲指专业分包工程)

序号	材料设备名称	规格型号	数量	设备进场时间	设备堆放地点	责任人
1						
2						
3						
4						
5						
6						

注：项目开工后 10 日内由经营负责人向发包方、监理提交本计划(可以分施工阶段、分专业提供)，经营负责人安排相关人员负责材料进场数量、质量的验收。

样表 5-11

样板间施工确认工作计划(含甲指专业分包工程)

序号	样板间名称及部位	确认施工图时间	确认材料品牌时间	进场施工时间	施工完成时间	验收并确认样板间时间	责任人
1							
2							
3							
4							
5							
6							
7							
8							
9							

注:项目开工后 30 日内由项目总工向发包方、监理提交本计划(可以分阶段提供)。

样表 5-12

项目协调管理工作计划

序号	会议名称	会议时间	责任人	参加人员
1	每周监理例会			
2	总包内部生产例会			
3	总包协调会议			
4	每周现场巡查管理现场会			
5	……			

注:

1. 每周监理例会项目负责人必须参加,主要解决有关业主的工作(非总包方内部工作)。

2. 总包内部生产例会,项目班组、部门负责人、工段长/栋号长、内部分包现场负责人参加,主要解决总包方内部的管理问题。

3. 总包协调会议(专题会议)由分管负责人组织,重点解决专项问题。

4. 每周现场巡查管理现场会由项目负责人组织,项目班组人员参加,主要梳理本周的计划完成情况并安排下周工作计划,同时为召开下周监理例会做准备。

第六章　经营规划

　　经营规划包含：涉及经营方面的项目概况、合同分解与招标计划、投标报价分析、开源点(签证索赔)规划、主要节流点规划、风险防范规划、成本编制原则、目标成本(劳务、材料、机械设备成本，专业工程成本，模板与架子周转材料成本，临建与CI等成本)、项目节点收入计划、实体签证参照表、调价签证参照表、责任目标分解等。

　　项目经营规划与经营管理的主要工作是合同管理、全过程成本管理以及后期的结算管理。项目合同管理是各项管理工作的依据和基础，是工程项目管理的核心，是从源头上控制项目风险，规避风险。要实现工程项目的管理目标，必须对工程项目实施的全过程和各个环节、工程项目的所有工程活动实施有效的合同管理。合同管理贯穿投标、合同签订、承包方按合同规定完成并交付合同约定的相应成果，直至合同保修期结束的全过程。

　　项目合同包括建设工程施工合同(发包人和承包人签订)、专业分包与劳务分包合同(承包人和分包人签订)、材料设备供应合同(承包人需方和材料设备供应商签订)、机械租赁合同(承包人或分包人与出租方签订)等几大类合同。合同是明确双方权利义务关系的协议，合同的订立必须符合有关法律法规及行业规定，合同的订立和履行应当遵循合法、审慎、公平和诚实的原则；必须全面、及时、有效地履行合同。

　　项目总承包合同生效后，拟派的项目负责人应对接建设单位相关分管人员，全面了解、掌握现场情况。待项目部组建后、项目启动前，组织相关经营、技术、生产负责人，在熟悉图纸与主合同以及业主方招标文件、施工方中标清单等一系列信息前提下，进行主合同交底，交底的内容包括主合同风险、合同解释、报价分析、成本预测等，合同交底同时应有书面形式。项目部要分析合同技术文件，结合现场情况制定实施阶段的"施工规划"；根据总承包合同工期要求与资源配置情况在合同规定范围内制定分包分供合同分解与招标计划，做好分包分供的选择。这是一个系统的、专业性很强的工作；合同分解不仅仅是对主合同的分解，各专业分包涉及的人材机也需要监督专业队伍进行分解细化，落实合同签订及人材机进场。

在施工过程中、项目管理中,经常会发生下道工序施工在即,甚至临近竣工交付,仍出现下道工序施工或竣工前需完成工作分包分供没有确定的情况。需要防止"以包代管"的情况。在合同分解中,往往忽略专业分包"对下合同"的分解,如消防安装专业分包(消防专业涉及通风、喷淋、报警等多个系统,每个系统涉及劳务、材料等多个供应商)。如果单方面只是考虑对消防安装专业分包一个队伍的管理,忽略其涉及的各分包分供,一旦某个系统分包分供出现问题,很有可能影响整个项目推进。一个好的有全局性与前瞻性的合同分解与招标计划,是确保项目顺利推进的前提之一,能够最大程度减少项目推进过程中的矛盾,确保项目正常竣工交付。这也是管理中经常提到的横向到边、纵向到底。

项目合同分解与招标计划,是项目负责人组织项目经营负责人等相关人员落实的一个重要工作,通过项目合同分解,把一个项目分解成若干个具体的"工作包";相应的安全、进度、质量、成本控制、协调等需要约束的内容,在对下分包分供招标文件合同条款中进行明确;合同分解及条款约束,是进行项目分包分供选择的前提,同时也是合规经营的前提。项目启动前需要做好合同分解与招标计划,同时在施工过程中及时修改、完善、落实。合同管理坚持"风险全面预控、项目总体分解、全过程监督、权利责闭环"的原则;坚持招标比价原则,分包分供合作单位的确定应通过招标或比价方式确定;拟签合同正文及其相关要求,应作为招标文件的一部分一并发给分包分供投标单位,分包分供投标单位需对其进行确认。

项目成本管理的基础是项目精细化管理,项目成本管理是全员、全过程、全要素、全风险成本管理,贯穿项目实施的全过程。项目部基于行业市场分包分供价格与施工预算/中标价,结合项目相关管理规划和项目部施工管理水平,参考已完工类似项目的项目成本,分析成本控制的重点和难点,针对性地制定相关应对措施,作为项目成本控制的依据。

分阶段在开工前编制计划目标成本。项目目标成本管理,围绕开源节流两条主线,参考实体签证参照表、调价签证参照表,由项目经营部组织投标报价分析、开源点(签证索赔)规划、主要节流点规划、风险防范规划;编制目标成本(劳务、材料、机械设备成本,专业工程成本,模板与架子周转材料成本,临建与CI等一系列成本);制订目标成本计划,分解成本指标,明确管理人员目标成本责任;落实分包分供单位,签订承包协议;进行成本控制与核算、成本分析与改进的各项成本管理工作。目标成本的纬度设置可以参考投标文件相关子目,该责任目标成本同项目经营规划书一同编制。

成本控制要控制生产要素的利用效率和消耗定额,如任务单管理、限额领料等,要避免窝工、设备利用率低等,同时要做好不可预见成本风险的分析和预控,包括编制相应的应急措施等。施工成本控制指在施工过程中,对影响施工成本的各种因素加强管理,并采取各种有效措施,将施工中实际发生的各种消耗和支出严格控制在目标成本范围内,随时分析并及时反馈,计算实际成本和目标成本之间的差异并进行分析,进而采取多种措施,避免施工中的损失浪费等管理不到位现象。施工成本核算按照规定对已发生成本进行归集、分配,并计算出项目的实际总成本和各时段的实际成本;成本核算要坚持施工形象进度、施工产值统计、实际成本归集"三同步"的原则,即三者依据的工程量均应是相同的数值。

  人工费的控制实行"量价分离"的方法,可按单位建筑面积确定劳务分包用工单价,零星用工按单项工程综合确定数量与单价,在尽量避免发生零星用工的同时,通过劳务合同和规范现场签证进行控制。材料费的控制要按照计划成本目标值来控制,材料价格主要由购买价格、运杂费等组成,应严格控制材料成本的各个支出环节。主要通过掌握市场信息,应用招标和询价等方式控制材料的采购价格;做好材料、设备进场数量和质量的检查、验收与保管;在保证符合设计要求和质量标准的前提下,合理使用材料,通过限额用量的管理手段有效控制材料消耗。施工机械使用费的控制,要合理选择和使用施工机械设备,做好经济分析,比对采用租赁或自购形式。合理安排施工生产,加强机械的调度工作,减少因安排不当引起的设备窝工和停置;加强现场的维修保养,以养代修,降低机械大修费用及维修时间。专业分包费用控制的重要工作是对分包价格、履约保函、质保金、预付款及结算方式等的控制,要做好分包工程的询价,订立平等互利的分包合同,建立稳定的分包关系,合理约定施工风险和奖惩措施,规范分包结算等工作。施工措施费及现场管理费的控制对成本控制具有十分重要的意义,以责任成本中施工措施费及现场管理费占目标成本的比例严格控制实际成本支出,在满足安全文明施工及保证质量的前提下严紧开支,合理控制该项成本。

  项目内部应建立成本实时监控制度,要严格按照经营规划中制定的目标成本,落实各个岗位的成本控制责任制,加强项目内部经济责任制管理,提高劳动生产率,降低材料消耗,提高设备利用率,有效控制项目成本。成本管理是全员成本管理、全过程管理:项目部所有员工及部门都应在各自的职责范围内,有成本控制意识和责任,并贯彻于日常工作中,贯穿于项目启动前、施工过程及竣工交付维修全过程。成本核算(花多少,算多少),成本控制(少花点,少算点),成本管理对项目管理中的成本提出了新的要求(算多少,花多少),这也迫使在项目启动前就需要编制目标成本。

  通过项目合同分解,细致、明确地规定分包分供的工作范围、内容、进度、质量标准及工程结算方式、付款方式、违约责任并签订经济合同,合同价作为确定的合理成本控制范围即目标成本,与此对应的成本目标是不可突破的项目成本控制目标(上限)。在明确目标成本的基础上,把目标成本分解为各部门的成本目标(各项工作成本控制的标准、谁来做、做什么);设计变更管理、现场签证管理(动态成本)也属于成本管理的一部分,及时了解动态成本做得如何,及时预警纠错,实体签证、调价签证需要根据项目进展同步完善。

现行建筑市场一般采取清单报价的形式,实际清单编制过程中,存在清单描述与设计图纸要求不符的情况,存在清单价低于市场价的情况,存在暂估价和暂列金,这要求项目管理人员对投标报价进行分析,明确盈亏项目,及时做好材料设备认质认价工作,做好风险防范规划并采取相应措施,这也是经营管理工作的关键。

项目经营部是合同结算的监督、管理、执行部门。项目竣工后,项目负责人安排项目经营部按合同规定及时提交竣工资料,负责同业主和审计办理竣工结算;办理完成的合同结算资料应存档,完工的项目结算需要进行总结评价,确定项目实际盈亏情况。工程结算管理、项目决算管理、决算成本分析、责任成本考核构成完整的成本管理体系。

第一节　项目经营概况

一、经营情况

序号	名称	内容
1	栋数、层数与层高	地上＿＿＿＿个单体；地下＿＿＿＿层（层高＿＿＿＿m）、地上＿＿＿＿层（层高＿＿＿＿m）、局部＿＿＿＿层
2	合同造价（万元）	暂定＿＿＿＿万元（其中土建造价暂定＿＿＿＿万元，机电造价＿＿＿＿万元，附属工程＿＿＿＿万元）
3	图纸主要指标（图算量）	钢筋＿＿＿＿kg/m²；砼＿＿＿＿m³/m²；模板展开面积＿＿＿＿m²/m²；砌体＿＿＿＿m³/m²；楼地面找平＿＿＿＿m²/m²；楼地面块料＿＿＿＿m²/m²；内抹灰＿＿＿＿m²/m²；外墙装饰＿＿＿＿m²/m²；外架投影面积＿＿＿＿m²/m²
4	合同工期	＿＿＿＿日历天（说明合同开竣工时点与过程节点要求）（桩基工程＿＿＿＿日历天，地下室＿＿＿＿日历天，主体＿＿＿＿日历天）
5	实际（计划）开工日期	
6	合同承包范围	（分别说明自行施工部分与甲指分包部分）
7	合同计价标准	（结算依据）
8	合同付款条件	（含履约保证金及保修金退还约定）
9	投标预期利润	＿＿＿＿%（暂估＿＿＿＿万元） 其中机电工程＿＿＿＿%（暂估＿＿＿＿万元） 其中附属工程＿＿＿＿%（暂估＿＿＿＿万元）
10	经营管理目标	确保完成成本管理目标：＿＿＿＿元/m²。 分项成本控制目标：临时设施不高于＿＿＿＿万元（占土建造价的比例为＿＿＿＿%）、钢筋节约率为＿＿＿＿%、砼节约率为＿＿＿＿%

二、编制依据

招标文件、中标投标清单、主合同、施工图、现场规划、施工规划、技术规划等。

第二节　合同分解及招标计划

一、合同分解

序号	类别	合同名称	暂估合同额	备注
1	专项分包	桩基工程		
2		防水工程		
3		安装工程		
4		门窗工程		
5		幕墙工程		
6		……		
7	机械租赁	塔吊		
8		升降机		
9		挖机		
10		……		
11	劳务分包	土建劳务		
12		零星用工		
13		……		
14	材料采购	钢筋		
15		砼		
16		模板架料		
17		砂浆		
18		……		
19	其他	零星材料		
20		……		

二、招标计划

自行分包招标计划										
序号	分项名称	招标时间	进场时间	估计				计划付款方式	拟选择方式	备注
				单位	数量	目标单价	标的总额			
一、专业分包										
1										
2										
3										
4										
5										
6										
二、物资设备采购										
1										
2										
3										
4										
5										
6										
三、劳务分包										
1										
2										
3										
4										
5										
6										
四、租赁及其他										
1										
2										
3										
4										
5										
6										

第三节　开　源

一、投标报价分析

（一）本工程承接模式采用_____形式，中标价是按照_____省_____年计价定额、_____年费用定额以及_____市住建局有关造价政策的补充规定以及双方约定编制预算总造价下浮_____%。

（二）根据_____建筑市场经验，工程成本价一般在按照上述原则计取预算总造价的基础上下浮_____%。故从报价分析，预期利润率为_____%。

（三）本工程的_____等采用甲指乙供方式；_____等不在我方合同范围，由甲方单独发包；按主合同条款约定收取管理费及配套费。

（四）综合而言，投标报价预期利润率为_____%。

（五）按清单报价，对重点子目进行盈亏分析。

序号	清单名称	工程量	单位	收入		成本		单价差	赢亏额
				单价	合价	单价	合价		
一	主要盈利子目								
1	例：灌注桩								
2	例：								
3	……								
二	主要亏损子目								
1	例：模板措施费用								
2	例：								
3	……								

二、开源点(签证索赔)规划

	序号	分项名称	相应合同条款内容	时效	责任人
合同约定	1	工期签证		14 天	
	2	经济签证		14 天	
	3	材料认质认价签证		采购前应征得发包人对价格、质量的认可	
	4	索赔		28 天	
	序号	措施	具体内容		责任人
开源点	1	按主合同约定条件落实相关工作	1. 根据与业主签订的协议书,动态调整商品砼、钢材、水泥等主材价格,动态调整的基价为_____年_____月份的信息价。_____年_____月份的钢材信息价为:Ⅰ级钢_____元/t,Ⅱ级钢_____元/t,Ⅲ级钢_____元/t;由于业主的原因,工程_____年_____月份才开工,_____年_____月份的钢材信息价为:Ⅰ级钢_____元/t,Ⅱ级钢_____元/t,Ⅲ级钢_____元/t……		
			2. 以总包管理为契机,获取总包效益。如部分工作不在总承包范围,重点争取把该部分工作内容纳入总包管理自行施工。		
			3. 关注现金流。及时落实合同付款:根据合同约定付款节点,提前完善付款手续上报业主资金计划,达到付款条件,第一时间落实回款。		
			……		
	2	争取变更	1. 充分了解现场实情,落实变更手续; 2. 以设计优化等双赢的理念争取变更; 3. 对设计存在的问题进行经济分析后促成相关变更; 4. 涉及业主关注的质量与安全问题,进行经济分析,落实变更; 5. 对比材料优劣,综合考虑项目投入使用后维保成本,促成相关变更; 6. 信息收集:沟通业主、设计院、使用方,提前了解功能变更需求 ……		
	3	材料认价	……		
	4	……	……		
	5	……	注意: 1. 可量化的开源点尽量做到数据化; 2. 施工过程中逐步补充调整。		

三、列收原则

(一) 根据与业主签订的施工协议书,商品砼、水泥、钢材等主要材料采用动态管理,其余材料为固定单价,动态管理的基期价格为_____年_____月份的信息价格。本工程以_____年_____月_____日开工为准,本经营规划工程合同收入已按_____年_____月份信息价进行相应调整。

(二) 总包管理收入:约_____万元。

1. 本工程_____工程由_____公司承包,合同造价为_____万元(其中设备费为_____万元)。根据_____协议,_____工程总包管理费及配合费按合同造价_____%(配合费取_____%,总包管理费取_____%)计取,其中_____不参与计取。

2. 根据施工协议中有关总包管理及配合费内容,_____工程按分包造价的_____%计取(_____工程配合费为_____%,管理费为_____%),其余专业性分包工程为分包工程造价的_____%(配合费为_____%,管理费为_____%)。

(三) 一般情况下,拟争取开源点的收入暂不计入经营规划中。

四、材料设备认质认价工作计划(含甲指分包工程)

序号	材料设备名称	计划提交业主时间	业主确认时间	责任人
1				
2				
3				
4				
5				
6				
7				
8				
9				
10				
11				
12				
13				

注:项目开工后10日内由经营负责人向发包方、监理提交本计划(可以分施工阶段、分专业提供)。

第四节 节 流

一、主要节流点规划

序号	措施	具体内容	责任人
1	技术措施	1. 精细规划土方调配； 2. 合理优化外架方案； 3. 合理优化临设； 4. 精细质量目标； 5. 合理运用施工允许负偏差； 6. 合理优化施工范围； ……	
2	组织措施	工期 （提前论证进度计划，计算工期与成本的平衡点，并说明保障措施） 1. 合理优化施工顺序，降低成本； 2. 合理穿插工序，缩短工期； ……	
		现场布置 1. 尽量减少二次搬迁； 2. 合理布置硬化范围； 3. 临时与永久相结合； ……	
		资源组织（劳务、材料、设备） 1. 权衡资源组织渠道； 2. 对比资源组织方式； 3. 选准资源组织时点； 4. 权衡资源组织数量； 5. 合理有效利用资源； ……	
3	资金措施	在选择劳务队伍与专业分包队伍的时候，选择资金实力强的分包单位，收取投标保证金和履约保证金，减少项目前期资金压力，合理利用外部资金，保障项目顺利进展。通过估算可收取各类投标保证金和履约保证金约_____万元。 根据主合同付款条件，适当调整对下付款比例，适当推迟对下付款时间。 综合考虑对分包分供延迟付款增加分包分供财务成本，导致分包分供价格上涨因素。	
4	……	（施工过程中可补充调整规划）	

二、风险防范规划

序号	风险点	风险内容	应对措施	责任人
1	工期风险	业主是否为<u>成熟</u>的建设单位,后期总包管理协调工作是否全部由<u>总承包</u>管理,分包单位较多,总包管理过程中的组织协调难度将很大。 总工期为开工之日起_____日历天,如每延误一天罚款_____万元,违约金上限为_____万元。	组织足够的劳动力、生产设备、材料抢抓进度,分解各节点工期(施工组织设计中要有针对性的工期保证措施)。	
2	质量风险	工程单体面积是否<u>大</u>,过程控制精度要求特别高,对工程质量提出更高要求。如因总包原因未达到"_____杯",罚结算造价的_____万元;如因非总包方原因,则不奖不罚。	施工组织设计中要有针对性创"_____杯"的保证措施并编制专题创优规划。考虑在专业合同或分包劳务合同中将风险转移。	
3	安全风险	安全违约责任重:未达到安全文明施工目标(_____市安全文明标化工地),相关费用_____万元不得计取。	施工组织设计中考虑创"_____市安全文明标化工地"的保证措施,加强过程安全管理。考虑在分包合同中将风险转移。	
4	固定成本风险			
5	市场风险			
6	周边环境风险			
7	人员变动风险			
8	……			

根据主合同约定的结算与索赔条款,检查合同在工程进度、质量、安全文明生产、工程技术、材料供应等各方面的约束条款,检查合同履行是否会产生偏离,并及时做出分析,针对可能产生偏离的信息制定应对措施,保证合同的正常履行。

三、成本编制原则

（一）劳务费:成本单价编制依据为建筑劳务市场价格及公司其他项目已采用的价格;辅助用工人数及工期以进度计划为依据;零星用工按建筑面积_____元/m^2计取。

（二）材料费:说明材料损耗和材料价格的计取原则。

1. 主体结构实际砼用量按照图算量(含定额损耗)节约/损耗为_____%,原材料价格按市场价上浮/下浮_____%计取。

2. 钢筋按图算量(含定额损耗)节约/损耗为_____%;钢材价格按照市场供应价上浮/下浮_____元/吨。

……

（三）机械费:说明设备的投入数量与进出场时间,以及机上人员的配置。

（四）分包工程:说明询价情况与成本暂列情况。

（五）外架系统及支模系统:说明外架的搭设方式、模板系统的配置方式与层数。

（六）临设费用:说明临设的配置方式,是搭设还是租赁;针对可周转的部分说明总投入、残值计取的原则及规划中本项目摊入的成本,具体见"现场规划";原则上临设费用要求控制在土建造价的_____%以内,超过_____%须报公司主要领导审批。

（七）间接费:说明管理人员的配置情况。

（八）其他。

第五节　附　件

一、目标成本；

二、项目节点收入计划；

三、实体签证参照表；

四、调价签证参照表；

五、责任目标分解。

目标成本参照表

附表 6-1

表 6-1-1 项目成本情况汇总表

项目名称：　　　　　　　　　　　　　　　　　　　　　　　　　　建筑面积：＿＿＿＿m²

序号	费用名称	附表编号	投标/中标价格(元)	总目标成本金额(元)	平方米成本(元/m²)	本月(元)					自开工累计(元)				
						合同收入	目标成本	实际成本	成本降低额 目标－实际	成本降低额 目标－实际	合同收入	目标成本	实际成本	成本降低额 目标－实际	成本降低额 目标－实际
一	项目实体费1＋2＋3＋4														
1	劳务费 a＋b＋c	6-1-2													
a	分项工程劳务费														
b	辅助用工														
c	零星用工等														
2	实体材料费 a＋b＋c	6-1-3													
a	工程用材料费														
b	辅材费														
c	水电费														
3	机械费 a＋b＋c＋d	6-1-4													
a	机械设备租赁费														
b	操作人员人工费														

续表

序号	费用名称	附表编号	投标/中标价格（元）	总目标成本金额（元）	平方米成本（元/m²）	本月（元）			自开工累计（元）			
						合同收入	目标成本	实际成本	成本降低额 目标－实际	合同收入	目标成本	实际成本	成本降低额 目标－实际
c	非租赁小型机具配置费												
d	大型机械进出场费、安拆费												
4	专业工程费 a＋b＋c	6-1-5											
a	钢结构												
b	幕墙												
c	甲方分包												
二	措施项目费 1＋2												
1	施工措施项目费 a＋b＋c	6-1-6											
a	模板系统费用（不含人工）												
b	架子系统费用（不含人工）	6-1-7											
c	检验试验费												
2	安全防护与文明施工措施项目费 a＋b	6-1-8											
a	临时设施费												
b	文明施工、CI费用												
三	间接费 1＋2	6-1-9											
1	现场管理费 a＋b＋c＋d＋e＋f＋g＋h												
a	现场管理人员工资、津贴、福利												

续表

序号	费用名称	附表编号	投标/中标价格(元)	总目标成本金额(元)	平方米成本(元/m²)	本月(元)				自开工累计(元)			
						合同收入	目标成本	实际成本	成本降低额 目标-实际	合同收入	目标成本	实际成本	成本降低额 目标-实际
b	办公费												
c	差旅交通费												
d	业务招待费												
e	财务费												
f	财产保险费												
g	科技研发、诉讼费等其他费用												
h	工程税金												
2	规费												
四	其他 1+2+3												
1	维修费												
2	招投标、质量、安全、进度、结算奖励费用												
3	前期招投标成本												
五	合计成本 一+二+三+四												
六	合同收入(含税)												

造价员： 经营经理：

续表

序号	费用名称	附表编号	投标/中标价格(元)	总目标成本金额(元)	平方米成本(元/m²)	本月(元)				自开工累计(元)			
						合同收入	目标成本	实际成本	成本降低额 目标−实际	合同收入	目标成本	实际成本	成本降低额 目标−实际
c	非租赁小型机具配置费												
d	大型机械进出场费、安拆费												
4	专业工程费 a+b+c	6-1-5											
a	钢结构												
b	幕墙												
c	甲方分包												
二	措施项目费 1+2												
1	施工措施项目费 a+b+c	6-1-6											
a	模板系统费用(不含人工)	6-1-7											
b	架子系统费用(不含人工)												
c	检验试验费												
2	安全防护与文明施工 措施项目费 a+b	6-1-8											
a	临时设施费												
b	文明施工、CI费用												
三	间接费 1+2	6-1-9											
1	现场管理费 a+b+c+d+e+f+g+h												
a	现场管理人员工资、津贴、福利												

续表

序号	费用名称	附表编号	投标/中标价格（元）	总目标成本金额（元）	平方米成本（元/m²）	本月（元）				自开工累计（元）			
						合同收入	目标成本	实际成本	成本降低额 目标-实际	合同收入	目标成本	实际成本	成本降低额 目标-实际
b	办公费												
c	差旅交通费												
d	业务招待费												
e	财务费												
f	财产保险费												
g	科技研发、诉讼费等其他费用												
h	工程税金												
2	规费												
四	其他 1+2+3												
1	维修费												
2	招投标、质量、安全、进度、结算等奖励费用												
3	前期招投标成本												
五	合计成本 一+二+三+四												
六	合同收入（含税）												

造价员：　　　　　　　　　　　　　　　　经营经理：

表6-1-2 项目劳务费成本表

序号	分项名称	单位	总计划				本月						累计(实际成本)	
			工程量	平方米含量	综合单价	合价(元)	工程量		综合单价		合价(元)		工程量	合价(元)
							目标	实际	目标	实际	目标	实际		
一	分项工程劳务费													
A	主体工程(建筑面积)	m²												
1	砼垫层浇筑	m²												
2	砖胎模砌筑	m³												
3	砖胎模抹灰	m²												
4	砼浇筑	m³												
5	砖砌体	m³												
6	钢筋工程	t												
7	电渣压力焊	个												
8	木模制安(接触或建筑面积)	m²												
9	钢/铝模安装	m²												
10	砖胎模	m³												
11	外架工程(投影或建筑面积)	m²												
12	……													
B	装饰工程(建筑面积)	m²												
1	地面贴砖	m²												

续表

序号	分项名称	单位	总计划				本月							累计(实际成本)	
			工程量	平方米含量	综合单价	合价(元)	工程量		综合单价		合价(元)		工程量	合价(元)
							目标	实际	目标	实际	目标	实际		
2	墙柱面抹灰	m²												
3	硬木质踢脚线	m												
4	水泥砂浆踢脚线	m												
5	地砖踢脚线	m												
6	墙面釉面砖	m²												
7	楼梯踏步贴砖	m²												
8	铺设挤塑保温板	m²												
9	外墙抹灰	m²												
10	……													
C	清包管理费	元												
二	辅助用工	元												
1	水电安装工	元												
2	保安	元												
3	食堂人员	元												
4	勤杂	元												
三	零星用工	元												
	合计		—	—	—		—	—	—	—			—	

造价员： 经营负责人：

表6-1-3 项目材料成本表

序号	项目名称	单位	总计划				本月						累计(实际)		
			工程量	材料节约(损耗)率	综合单价	合价(元)	工程量		综合单价		合价(元)		工程量	综合单价	合价(元)
							目标	实际	目标	实际	目标	实际			
一	工程用材料费														
	砼	m³													
	钢筋	T													
	砌块	百块													
	砂浆	T													
	……														
二	辅材费														
	……														
三	水电费	元													
	合计		—		—		—	—	—	—			—		

采购员: 　　　　　　　　　　　　　　　　　　　　　　　经营负责人:

表 6-1-4 项目机械设备成本表

序号	机械名称	型号	单位	总计划			本月					累计（实际发生）	
				数量	台班单价	使用台班	金额（元）	数量		台班单价		使用台班		金额（元）		使用台班	金额（元）
								目标	实际	目标	实际	目标	实际	目标	实际		
一	机械设备租赁费		元														
二	操作人员人工费		元														
三	非租赁小型机具		元														
四	大型机械进出场费、安拆费		元														
	合计																

造价员： 生产负责人： 经营负责人：

注：说明主要设备的计划进退场时间

表 6-1-5 项目专业工程成本表

序号	分项名称	单位	总计划					本月度						累计				降低率
			预算收入			降低额(元)	降低率(%)	目标成本		实际成本				目标成本		实际成本			
			数量	单价	金额			数量	金额	数量	金额			数量	金额	数量	金额	
一	专业工程																	
	钢结构																	
	幕墙																	
	安装																	
	……																	
二	甲方分包																	
	……																	
	合计																	

造价员: 经营负责人:

表 6-1-6 模板系统

序号	周转材料名称	单位	数量计算		总计划			金额	本月摊销		累计摊销		备注
			平方米含量	使用量	基数	周转次数	摊销比例（%）	租赁/购买单价		目标金额	实际金额	目标金额	实际金额	
一	模板系统材料	元												
1	模板（接触面积）	m²												
(1)	木(钢/铝)模板	m²												
(2)	……	m²												
2	木方	m³												
3	钢模	m²												
4	砖胎模	m³												
二	模板系统人工	元				/		见劳务成本表						
1	木模制安（接触面积）	元				/		见劳务成本表						
2	钢/铝模安装	元				/		见劳务成本表						
3	砖胎模	元												
	合计	元												

注：1. 说明模板的配置方式，一次性投入的范围；

2. 进行月成本分析时，购买类周转材料按主体产值进行摊销，同时在备注栏中说明摊销比例与依据、残值取定原则，以及目前实际购买情况。当累计实际摊销金额超过目标摊销额时，则应进行专题会议分析，找出超支原因。

表6-1-7 架子系统

序号	周转材料名称	单位	总计划					目标金额	本月			累计		
			数量计算			使用天数或次数	租赁/购买单价	金额		实际			实际	
			基数	单位含量	使用量					数量	单价	金额	数量	单价	金额
	一、模板支撑架	元	(说明模板支撑架按几层配置,架管总投入量是多少吨)												
1	钢管/盘扣支承架 层高……m(含……m)	t													
	扣件	套													
2	钢管/盘扣支承架 层高……m(含……m)	t													
	扣件	套													
3	钢管/盘扣损耗(按总投入量3%)	t													
4	扣件损耗(按总投入量5%)	套													
5	人力装卸架管扣件	套													
6	人力配合塔吊卸架管扣件	t													
7	架管扣件运输费	t													
	止水螺杆(地下室外墙单面模板面积)	根													
	对拉螺杆(墙面单面模板面积)	根													
	小计(模板支撑架)	元													
	二、外架		(说明外架的搭设方式,架管总投入量是多少吨,架料的拟进出场时间)												
1	外架材料费														
(1)	落地架架管	T													
(2)	落地架用扣件	套													
(3)	挑架用架管	T													

续表

序号	周转材料名称	单位	总计划					目标金额	本月				累计		
			数量计算			使用天数或次数	租赁/购买单价	金额		数量	实际		金额	数量	实际		金额
			基数	单位含量	使用量						单价	金额			单价	金额
(4)	挑架用扣件(外架投影)	套														
(5)	槽钢	t														
(6)	工字钢	t														
(7)	卸料平台	个														
(8)	外架安全网(外架投影)	m²														
(9)	外架竹架板(外架投影)	m²														
(10)	四口五临边防护用架管(临边长度)	t														
(11)	四口五临边防护用扣件(临边长度)	套														
(12)	斜挑防护棚用架管(临边长度)	t														
(13)	斜挑防护棚用扣件(临边长度)	套														
(14)	斜挑防护棚用架板(临边长度)	m²														
(15)	斜挑防护棚用安全网(临边长度)	m²														
(16)	架管损耗	t														
(17)	扣件损耗	套														
(18)	人力装架管扣件	t														
(19)	人力配合塔吊卸架管扣件	t														
(20)	架管扣件运输费	t														
(21)	爬架	m²														
2	外架人工费(外架投影)	m²	见劳务成本表														
	外架合计(1+2)	元															

表6-1-8 临建与CI成本表

序号	分项名称	单位	总目标					实际(累计)				本月摊销	累计摊销	备注
			数量	购买/租赁单价	摊销比例/租赁期	合计		数量	综合单价	合计				
						投入	摊销							
一	可周转临时设施													
1	办公用活动房	m²												
2	生活用活动房	m²												
3	工具式加工棚	m²												
4	办公设备(家具及电器)	元												
5	临电可周转材料费(一、二级配电箱,电缆等)	元												
6	临水可周转材料费(加压泵,焊接钢管等)	元												
7	监测视频系统	元												
8	CI设施中旗杆	根												
9	九牌一图栏	元												
10	宣传栏等可周转料	元												
11	……													
二	租赁类临时设施													
1	办公用房	m²												
2	生活用房	m²												
三	一次性投入临时设施													

续表

序号	分项名称	单位	总目标					实际(累计)				本月摊销	累计摊销	备注
			数量	购买/租赁单价	摊销比例/租赁期	合计		数量	综合单价	合计			
						投入	摊销						
1	附属用房(砖混)	m²											
2	活动房基础,地面与吊顶	m²											
3	活动房拆装	m²											
4	加工棚	m²											
5	道路	m²											
6	场地硬化	m²											
7	围墙	m											
8	绿化	m²											
9	CI费用	元											
10	临水临电人工费	元											
11	临水临电材料费(一次性投入)	元											
12	……												
	合计	元											

造价员: 经营负责人: 项目负责人:

备注:
1. 临设费用控制价为费用定额包含金额。
2. 过程考核时,摊销额依据主体产值进行摊销;当实际超过计划目标时应进行专题分析,找出超支原因。

表 6-1-9 间接费用表

序号	项目名称	单位	总目标				实际(累计)				本月摊销	累计摊销	备注
			数量	单价	时间	金额	数量	单价	时间	金额			
一	现场管理费												
(一)	管理人员工资、津贴、福利	元											
1	管理人员岗位工资	元											
2	收尾人员岗位工资	元											
3	津贴、补贴(远征、物价、伙食)	元											
4	福利	元											
5	社保费用(五险一金)	元											
6	职工培训经费	元											
(二)	办公费	元											
1	个人办公与电话费	元											
2	办公用品购置	元											
(三)	差旅费、交通费	元											
1	车贴	元											
2	市内交通费	元											
3	探亲路费	元											
4	出差费用	元											

续表

序号	项目名称	单位	总目标				实际（累计）				本月摊销	累计摊销	备注
			数量	单价	时间	金额	数量	单价	时间	金额			
（四）	业务招待费	元											
（五）	财务费	元											
（六）	财产保险费	元											
（七）	科技研发、诉讼费等其他费用	元											
（八）	工程税金	元											
二	规费：参照当地政府部门有关规定计取												
1	招标代理费	元											
2	环保排污费	元											
3	……												
4	……												
5													
6	工程保险费	元											
（1）	意外伤害保险	元											
（2）	工伤保险	元											

经营负责人：　　　　　　　　财务人员：　　　　　　　　项目负责人：

附表 6-2

项目节点收入计划参照表

序号	工期(年月)	节点工作内容	预计产值(万元)	预计收入(万元)	预计成本(万元)
1		桩基完成			
2		基础验收(±0完成)			
3		主体验收			
4		外脚手架拆除(装饰完成)			
5		竣工验收			
6		工程竣工后且相关资料备案合格			
7		结算定稿			
合计					

说明：根据主合同的付款情况，结合资金规划的要求，按季度或主要节点测算对应的收入和成本

编制人：　　　　　　　　　　　审核人：

附表 6-3　实体签证参照表

施工阶段		可预见签证内容	附件内容	表现形式	备注
开工准备		接水（超合同约定的）	联系单、会议纪要、照片、发票	联系单	
		接电（超合同约定的）	联系单、会议纪要、照片、发票	联系单	
		代缴费用	联系单、会议纪要、发票	联系单	
		规划红线外工作	联系单、方案、计量单、照片、预算书	签证	
		高压电防护（超合同约定的）	联系单、方案、计量单、照片、预算书	签证	
		围墙、临设、道路、加工场地变更（因建设方原因）	联系单、方案、计量单、照片、预算书	签证	
		图纸会审的确认	图审会审洽谈记录、会议纪要	图审洽谈记录	
		其他			
土石方项目		施工方案预想（放坡比例、含水率、不良土质处理、挖土垫板、翻倒次数、人工配合、人工挖土方划分界部分人工回填等）			
		原地面标高测量	计量单、照片		平均标高对量的影响
		河塘、不良土质处理	联系单、方案、计量单、照片、预算书	联系单	
		地上、地下障碍物挖除	联系单、方案、计量单、照片、预算书	签证	
		人工挖土界面的确认	联系单、标高确认、照片	签证	
		土石方运距的确认	联系单	联系单	
		人工回填部分界面划分	联系单、标高确认、照片	联系单	
		机械进出场确认	联系单、设备进出场记录、照片	签证	
		现场土不能回填确认单	联系单、照片	联系单	
		回填土土源运距及土源价格确定	联系单、计量单、照片、预算书	签证	
		其他			

续表

施工阶段	可预见签证内容	附件内容	表现形式	备注
桩基项目	施工方案预想（机械型号、数量、场测管预埋、接桩型式、桩头、护筒调整、桩检测）			
	机械进出场确认	联系单、设备进出场记录、照片	签证	
	管桩桩顶标高调整	打桩记录	打桩记录	
	灌注桩入岩深度（主要为现场实际记录）	打桩记录	打桩记录	
	桩孔回填	联系单、计量单、照片、预算书	签证	
	管桩二次运输（超出定额范围）	联系单、方案、计量单、照片、预算书	签证	
	电焊接桩钢材用量、设计与定额不同时，按设计用量调整	联系单、计量单、照片、预算书	签证	
	接桩头/截桩头	联系单、方案、计量单、照片、预算书	签证	
	管桩人工清桩孔土	联系单、方案、计量单、照片、预算书	签证	
	桩与承台连接（分两种形式）	联系单、方案、计量单、照片、预算书	签证	
	砼灌注桩桩顶标高轻制吊筋	联系单、方案、计量单、照片	签证	
	泥浆运输运距的确认	联系单、计量单、照片	联系单	
	泥浆池最后的处理	联系单、方案、计量单、照片、预算书	签证	
	塔吊桩基础	联系单、方案、计量单、照片、预算书	签证	
	管桩挤土施工周边挖沟及回填	联系单、方案、计量单、照片、预算书	签证	
	小应变检测声测管预埋	联系单、方案、计量单、照片、预算书	签证	
	桩基承载力检测的配合铺路整平	联系单、方案、计量单、照片、预算书	签证	
	场地二次平整和土方倒运	联系单、方案、计量单、照片、预算书	签证	
	其他			

续表

施工阶段	可预见签证内容	附件内容	表现形式	备注
基坑项目	施工方案预想（降水、护坡、反撑、支撑梁柱模板支撑、支撑梁柱拆除、构柱加工场地及运输、基坑外保护墙或支护桩）	联系单、平面图确认图	联系单	
	降水数量及位置的确定	联系单、方案、平面图、照片、降水记录	签证	对造价影响大
	降水时间或用电量的确定	联系单、计量单、照片、预算书	签证	
	护坡前削坡人工	联系单、方案、计量单、照片	方案	
	支撑梁人工配合拆除方案	联系单、方案、计量单、照片	联系单	
	支撑梁拆除人工确认	联系单、方案、计量单、照片	签证	
	格构柱加工场地（场外）费用	联系单、方案、计量单、照片、预算书	联系单	
	构件运输运距确认	联系单、方案、计量单、照片、预算书	签证	
	支护桩拆除（人工）	联系单、方案、计量单、照片、预算书	签证	
	反支撑梁板	联系单、方案、计量单、照片、预算书	签证	
	保护墙	联系单、方案、计量单、照片、预算书	签证	对造价影响大
	支撑梁垫层底部土质不好的增加支撑	联系单、方案、计量单、照片、预算书	签证	
	其他			
基础项目	施工方案预想（砖胎模、人工挖土、止水钢板、人工回填、施工缝、后浇带支撑、塔吊基础）			
	基础承台、地梁模板变砖胎模	联系单、方案、计量单、照片、预算书	签证	
	人工挖土方界面及运输	联系单、方案、计量单、照片、预算书	签证	
	止水钢板	联系单、方案、计量单、照片、预算书	签证	
	人工回填土及运输	联系单、方案、计量单、照片、预算书	签证	

续表

施工阶段		可预见签证内容	附件内容	表现形式	备注
基础项目		后浇带支撑增加	联系单、方案、计量单、照片、预算书	签证	
		塔吊基础砼方量超合同、钢构柱、螺栓预埋、保护墙	联系单、方案、计量单、照片、预算书	签证	
		砼外加剂	联系单、计量单	联系单	
		管桩与承台的连接	联系单、方案、计量单、照片、预算书	签证	
		防水保护层	联系单、方案、计量单、照片、预算书	签证	
		其他			
主体结构项目		施工方案设想（高支撑模板、脚手架、后浇带支撑、预埋铁件、植筋）	联系单、方案、计量单、照片、预算书	签证	
		高支撑方案论证方案的调整	联系单、方案、计量单、照片、预算书	签证	
		外架及首层支撑定额不含垫层（硬化）	联系单、方案、计量单、照片、预算书	签证	
		预埋铁件（外架、幕墙、雨棚、栏杆等）	联系单、方案、计量单	联系单	
		施工缝处理	联系单、方案、计量单、照片、预算书	签证	
		后浇带支撑增加	联系单、方案、计量单、照片、预算书	签证	
		梁柱节点砼标号变化	联系单、方案、计量单	联系单	
		砼外加剂	联系单、方案、计量单、照片、预算书	签证	
		现场柱梁板墙植筋	联系单、方案、计量单、照片、预算书	签证	
		墙体砌筑砂浆（成品）标号确定	联系单、方案、计量单	联系单	
		构造柱及二次结构按规范平面图确认	联系单、建筑平面图、计量单、照片、预算书	签证	
		圈梁、板带按规范设置	联系单、方案、计量单、照片、预算书	签证	
		预制窗台板和运输	联系单、方案、计量单、照片、预算书	签证	

续表

施工阶段		可预见签证内容	附件内容	表现形式	备注
主体结构项目		设备基础砼增加(含电梯)	联系单、方案、计量单、照片、预算书	签证	
		塔吊、施工电梯进出场记录	联系单、进出场记录	联系单	
		钢筋局部加强、钢筋搭接做法、构造柱、联系梁	联系单、方案、计量单、照片、预算书	签证	
		其他			
建筑项目		施工方案预想(防水、保温、地面、天棚、外墙)	联系单、方案、计量单、照片、预算书	签证	
		建议增加找平层厚度	联系单、方案、计量单、照片、预算书	联系单	
		卫生间防水建议墙面增加到1.8 m	联系单、方案、会议纪要	联系单	
		防水、保温建议变更为相关材料	联系单、方案、计量单、照片、预算书	联系单	
		外墙做法建议变成本核算建议变更	联系单、方案、会议纪要	联系单	
		地砖、顶棚材料变更或品牌	联系单、方案、会议纪要	联系单	
		地下室变更防霉涂料	联系单、方案、会议纪要	联系单	
		室外部分不锈钢变更为304材料	联系单、方案、计量单、照片、预算书	签证	
		外墙饰面吊篮	联系单、方案、计量单、照片、预算书	签证	
		施工运输电梯基础及安装	联系单、方案、计量单、照片、预算书	签证	
		电梯套、门套、窗套增加	联系单、方案、计量单、照片、预算书	签证	
		卫生间跨坑小砌体砌筑、隔断	联系单、方案、计量单、照片、预算书	签证	
		管道井封堵	联系单、方案、计量单、照片、预算书	签证	
		石材、瓷砖面开孔	联系单、计量单、照片、预算书	签证	
		天棚、柱面粉刷	联系单、计量单、照片、预算书	签证	
		粉刷、地面砂浆(成品)标号确定	联系单	联系单	

续表

施工阶段	可预见签证内容	附件内容	表现形式	备注
建筑项目	零星工程增加	联系单,计量单,照片,预算书	签证	
	轻质砼找平层	联系单,方案,计量单,照片,预算书	签证	
	防水节点做法	联系单,方案,计量单,照片,预算书	签证	
	屋面做法	联系单,方案,计量单,照片,预算书	签证	
	其他			
室外项目	施工方案预想(道路,雨污水,绿化,铺装等)			
	土方回填土源及运距确认	联系单,计量单,照片,预算书	签证	
	雨污水管道基础配合平整人工配合夯实	联系单,计量单,照片,预算书	签证	
	管道顶部原土回填改为灰土或砂回填	联系单,计量单,照片,预算书	签证	
	绿化乔木换土回填	联系单,计量单,照片,预算书	签证	
	管道截管,井超2 m脚手架增加	联系单,计量单,照片,预算书	签证	
	材料二次倒运	联系单,计量单,照片,预算书	签证	
	机械进出场确认	联系单,计量单,设备进出场记录,照片	联系单	
	弃土场运距确认	联系单,计量单,照片	联系单	
	其他			
安装项目	施工方案预想			
	管线位置及走向变更	联系单,计量单,照片,预算书	签证	
	洞口方案预留或打洞	联系单,计量单,照片,预算书	签证	
	室内进入排水井的排水管	联系单,计量单,照片,预算书	签证	
	消防箱位置变更	联系单,计量单,照片,预算书	签证	

续表

施工阶段	可预见签证内容	附件内容	表现形式	备注
安装项目	木质防火门变更为钢质防火门，木质防火门增加门贴脸（盖缝条）	联系单、计量单、照片、预算书	签证	
	阳台排水立管增加伸出楼面部分	联系单、计量单、照片、预算书	签证	
	负一层分割单间增设排气扇及电源线路	联系单、计量单、照片、预算书	签证	
	电梯井底部增加接地扁铁、电梯迫降线路、等电位箱	联系单、计量单、照片、预算书	签证	
	水管井增加排水地漏	联系单、计量单、照片、预算书	签证	
	增加室内弱电系统穿线	联系单、计量单、照片、预算书	签证	
	厨卫间、阳台洗衣机插座变更为防溅型插座	联系单、计量单、照片、预算书	签证	
	应急照明控制开关单控改为双控，回路灯具修改为自带蓄电池灯具	联系单、计量单、照片、预算书	签证	

注：所有签证以中标清单组价与主合同约定内容为前提，不得重复计取。

附表 6-4

调价签证参照表

施工阶段		可预见签证内容	附件内容	表现形式	备注
调价签证		人工费	现场形象进度确认	联系单	
		材料费调整（合同约定按月信息价）	材料设备进场报验单、材料数量	联系单	
		文明工地、优质工程	证书	证书	
		考评费、奖励费的考评	考评表	考评表	
		排污费等相关费用缴费单	联系单、排污费等费用缴费单	联系单	
		合同约定的工程量增减调价	联系单、会议纪要	联系单	
		其他			
工期签证		开竣工报告的确认	开竣工报告	开竣工报告	影响赶工措施费
		工程延期报告确认	工程延期报告	工程延期报告	影响工期罚款
		其他			
		……			

附表 6－5

项目岗位责任成本目标分解及奖罚参照表

项目名称：

序号	责任岗位	责任人	责任比例	责任内容	责任考核办法	奖罚规则	责任内容备注说明	责任人签字
1	技术负责人 技术工程师			1. 技术、工法创效在_____万元以上 2. 钢筋损耗率控制在_____%以内 3. 检验试验费控制在_____以内	以实现技术、工法创效额为准 钢筋废材/钢筋进场量 以最终试验费为准	奖励超创额的_____% 处罚少创额的_____% 奖励节约额的_____% 处罚超额的_____% 奖励节约额的_____% 处罚超额的_____%		
2	生产负责人 现场工程师			零星用工控制在_____万元以内；工期控制在_____天以内	以最终结算为准	奖励节约额的_____% 处罚超额的_____%	零星用工具体指发生在工程实体的合同外零星用工，不包括甲方签证用工	
3	经营负责人 造价工程师			1. 劳务单价控制在经营规划劳务费单价以内； 2. 劳务结算工程量控制在主合同结算量以内	以最终结算为准	奖励节约额的_____% 处罚超额的_____%		
4	现场工程师 采购工程师 物资管理员			1. 模板总进场量控制在_____m² 以内； 2. 木方总进场量控制在_____m³ 以内； 3. 模板、木方总费用控制在_____万元以内	以最终进场量为准	奖励节约额的_____% 处罚超额的_____%		

续表

序号	责任岗位	责任人	责任比例	责任内容	责任考核办法	奖罚规则	责任内容备注说明	责任人签字
4	现场工程师 采购工程师 物资管理员			4. 砼损耗率控制在____%以内 5. 砌体控制在____m³以内	以图纸预算量（含定额损耗）为准 以图纸净用量（含定额损耗）为准	奖励节约额的____% 处罚超额的____% 奖励节约额的____% 处罚超额的____%		
5	安全工程师			安全文明施工费用控制在____万元以内	以最终发生费用为准	奖励节约额的____% 处罚超额的____%		
6	综合管理员			业务招待费用控制在____万元以内 现场管理人员工资控制在____万元以内 办公费用控制在____万元以内 水电费控制在____万元以内	以最终发生费用为准 以最终发生费用为准 以最终发生费用为准 以最终发生费用为准	奖励节约额的____% 处罚超额的____% 奖励节约额的____% 处罚超额的____% 奖励节约额的____% 处罚超额的____% 奖励节约额的____% 处罚超额的____%		

项目负责人：　　　　　　　　　经营负责人：　　　　　　　　　造价员：

注：
1. 此岗位责任目标分解仅作参考，可根据项目部的具体组织架构和分工情况做相应补充与调整；
2. 此奖罚表为经营规划的组成部分，由项目负责人向项目各相关岗位下达，各岗位签字后相关公司相关分管领导审核签字后生效。

第七章　项目资金规划

　　项目资金规划，目的是加强项目资金管理，规范项目资金运作，加快项目资金回收及支付，提高项目资金使用效率，确保项目资金安全和收支有序进行，防范资金风险，推进工程项目精益化管理。是对工程项目日常管理和项目施工生产等资金收付活动进行预测、计划、执行、控制、考核等，包括项目资金预算的编制、审批、执行、调整和考核等内容。项目资金规划实行"收支两条线"的管理模式。

　　项目部依据项目合同、项目施工规划、项目经营规划等进行资金规划，预测项目现金流量，分析项目资金需求，并细化到月编制项目资金规划。坚持合理有据的全面预算，坚持以项目目标成本核定为中心的全面预算管理。项目资金规划包括项目资金规划—节点收入、项目资金规划—节点支付、项目现场经费支付等。项目资金规划—节点支付是指项目工、料、机及分包成本所需资金支出预算；项目现场经费支出是指为项目生产管理而发生的管理人员工资、五险一金、办公费、招待费、差旅费、交通费等资金支出。固定资产采购支出预算是指为项目所购置的必备的办公设备、生产设备等固定资产而编制的相关资金支付预算。理想状态下项目资金规划原则：以收定支、先收后支、资金正流；项目资金预算管理可以借助财务软件系统实施控制。

　　资金规划建立在项目现金流分析的基础上，是项目决策的重要依据。要预测项目现金流量，分析项目资金需求，编制项目资金计划，编制资金节点收入与项目资金节点支付，项目资金支出坚持"以收定支"的原则，实施过程中动态调整。通过对资源计划以及施工总进度计划的分析，项目部可以计算出项目在整个运行过程中对资金的回收和需求情况。

　　项目资金规划基于项目收入预算、成本预算对项目从启动至完工期间的资金流入、流出所做的总的预估及计划，并根据资金余缺进行资金筹划。基于项目进度计划、月度完成产值、月度完成成本对项目资金收入和支付所做的预计及计划，并在考虑余缺的情况下进行资金筹划。项目资金不能够满足经营需要时，需提前考虑资金筹集，提前考虑融资方式，在拓宽融资渠道前提下综合考虑融资风险与融资成本。

　　项目部在与项目业主结算工程款时，必须申请将结算款汇入主合同指定的银行账户，项目业主支付的所有资金（工程预付款、工程进度款、工程竣工结算价款、质保金等）

必须全部汇入该账户。项目部应按照合同约定的条款及时足额地回收工程款及质量保证金。项目资金支付必须在批准的预算内(包括资金计划及成本计划),如超过则需执行预算外付款流程。大宗材料采用部分付款、预留尾款的方式,保证企业现金流;小额采购及时结算,提高企业声誉。劳务采取每月发放生活费(基本工资)的方式,剩余绩效考核工资留保修金后年终结算付清,提高企业现金流。项目经营负责人及相关责任人员按分包分供合同约定节点,办理节点对账/节点结算,审核各类付款手续,扣除材料款、使用的机械台班费、预付款、预留工程保修金和质量奖罚后结合项目资金计划,确认可支付的项目及具体额度,及时上报资金计划,审核项目付款申请审批表,经相关流程审批确认可支付的项目及具体额度后支付。

项目负责人对所辖项目资金规划负责,项目负责人是项目资金规划及管理的第一责任人,对本项目资金回收、工程资金支出以及项目经费支出等规划编制的准确性、合理性、真实性及执行率负责。各项目财务分管人员负责本项目的资金预算的组织、汇总、审核、上报及资金预算执行情况跟踪分析等工作。项目资金分析是项目经济活动分析的重要内容,项目部应定期组织资金分析会,通过对收支情况的分析,及时发现项目资金管理中存在的问题,以便及时采取措施,管好用好资金,提高资金使用效益。

项目资金规划需考虑项目付款流程,明确项目资金支付流程;付款流程需要考虑权责匹配,简化流程的同时考虑方便管理。付款流程涉及职责:核实分包分供是否满足合同质量、安全、进度、协调配合等合同条款约定;审核支付凭证(付款申请)及是否提交税票(或代扣税款);对已供材料货款(合同单价×实际供货量)进行对账确认,对已完项目的进度(是否达到合同节点)或产值(合同单价×实际完成项目量)进行确认及审核;分包分供已支付额的审核、累计需扣款的审核;核实款项申请资料及付款金额(含结算额、已付款)的完整性、合理性、准确性;付款对应合同、结算对应合同、发票对应合同,如增减工程量(签证或扣款)对应合同。

第一节　项目资金规划方案

一、项目资金规划方案

资金规划的依据：

1. 总承包单位与建设单位签订的主合同中，关于工程款（含预付款及保修金）支付的主要条款。

2. 总承包单位与各分包分供签订的分包分供合同中，涉及分包分供（含预付款及保修金）支付的主要条款。

3. 结合公司对项目前期投入的资金额，综合考虑财务成本及分包分供市场行情等因素。

二、项目资金规划编制要点

1. 项目预计总收入、预计总支出情况。

2. 项目机构设置及预计现场经费金额。临时设施预计支出及残值回收情况。

3. 支付给业主的履约保证金、交纳政府部门规费以及支付工程保险费、保函手续费的情况。

4. 其他须要说明的情况。

三、项目资金规划节点的确定

本部分主要描述资金规划节点如何确定及其理由。做资金规划时应依据项目合同工期、计划工期、工期过程控制目标以及施工规划、经营规划确定资金规划节点。资金规划节点确定按以下几个原则进行：

1. 形象节点原则。以工程形象节点为资金规划的过程节点，这样有利于减少计算量。

2. 收款节点原则。如果业主以工程形象节点进行工程进度款的支付，则应以达到支付条件的形象节点为资金规划的节点。

3. 大额支付节点原则。根据与各供方签订的合同安排，结合春节、端午、中秋节、五一劳动节、国庆节等节日安排。

四、分包分供方资金支付规划

本部分对项目所在地劳务、材料、设备、架料及机械租赁等市场行情进行分析并确定相应的付款方式，具体参见经营规划。

五、项目资金规划的编制方法和步骤

1. 根据项目特点确定资金规划节点。

2. 分别计算各节点预计资金收入并填制项目资金规划—节点回收入(参见附表7-1,本表主要计算各节点可收回的工程款数额)。

3. 分别计算各节点预计资金支出并填制项目资金规划—节点支付(参见附表7-3,本表主要计算各节点预计支付资金金额,其中"支付项目"按照项目经营规划相关内容分项填列,如劳务人工费,钢材、砼、模板、木方等材料费,专业分包及机械费;"合计"指:资源组织中要求签订合同部分和未要求签订合同部分的成本之和)。

4. 根据各节点资金收支情况填制项目资金规划－项目资金预算汇总表(参见附表7-5)。

5. 针对各节点资金缺口制定相应的应对措施。

6. 项目资金风险识别与控制。

六、项目资金规划编制规定

序号	编制流程	责任部门	编制内容及依据	完成时间
1	项目资金规划—节点回收	主责:项目负责人 配合:项目各部门	项目部根据主合同、施工组织设计及进度计划编制项目收入总预算,并分解至各节点、各月份。	进场后15天内
2	项目资金规划—节点支付	主责:项目经营部 配合:项目各部门	项目部根据施工方案、参考行业成本及市场行情编制项目资金节点支付,并分解至各节点、各月份。	进场后30天内
3	项目现场经费总预算编制	主责:项目综合办 配合:项目各部门	项目部根据项目特征及费用标准编制项目经费总预算,并根据进度计划分解至月度。	进场后15天内
4	项目资金总预算编制	主责:项目负责人 配合:项目各部门	项目部根据收入预算、节点支付、项目经费预算,按照主合同付款条件及分包分供合同编制资金总预算,并根据进度计划同时分解至月度。	进场后30天内
5	项目固定资产采购预算表	主责:项目经营部 配合:项目各部门	项目部在项目实施过程中根据上月完成产值、直接成本以及项目经费预算编制项目月度资金预算。	每月20日—25日

七、项目资金规划审批流程

项目资金规划是对单个项目的资金规划,但正常情况下,很难做到"按项目专款专用",因此项目资金规划需经项目部上报公司,在公司财务汇总、综合各项目资金规划后,上报公司分管人员审核、审批。

八、项目付款审批

项目付款分为项目预算内付款、项目预算外付款。项目预算内付款,在完成合同约定工作内容,按相应流程审批后由财务支付。项目预算外付款,在完成合同约定工作内容情况下(但无付款预算),需填制项目(预算外追加)付款审批表(参见附表7-6)。

九、项目资金规划预算分析与考核

项目部定期召开资金规划预算分析会,各预算责任主体负责人对本项目、本部门资金管理及资金预算情况进行全面分析。项目资金预算编制与执行情况考核结果直接与个人绩效挂钩。对项目月度资金预算执行差异超过相应比例的,项目负责人未按要求进行资金预算分析反馈并整改的,可按相应比例扣发相关责任人当月绩效薪酬。

十、项目资金缺口的应对措施

主要针对项目预算执行分析表(参见附表7-7)中项目净现金流各节点预计可能出现的资金缺口进行前瞻规划,重点针对现金流为负流的情况制定应对措施,具体要求是:

1. 应对措施要求具体针对某一节点,不能泛泛而谈;
2. 应对措施要有具体的操作过程和执行人员;
3. 应对措施要切实可行,比较复杂的措施要进行可行性分析;
4. 对于风险比较大的应对措施要进行风险分析;
5. 必须注明应对措施对现金净流量的影响数。

十一、项目资金风险识别与控制

项目资金规划必须指导项目的资金管理实践。应由项目资金规划部门对执行者进行交底,主要阐述在项目实际资金管理过程中存在的主要风险以及针对风险的相应控制措施,以期充分发挥项目资金规划的作用,达到预期的效果。

第二节　资金规划附表

附表 7-1

项目资金规划—节点收入

项目名称：＿＿＿＿＿＿＿＿＿＿　　　　　　　　　　　　　　　　　单位：万元

序号	项目	1	2	3	4	5	6	7	8	9	10	……
1	合同金额											
2	时间节点											
3	形象进度											
4	累计当期完成产值											
5	收款基数											
6	收款比例											
7	按合同应收工程款											
8	实际回款											
9	业主累计欠款											
10	本月计划回款											
11	备注											

制表：　　　　　经营负责人：　　　　　项目负责人：

附表 7-2

项目资金规划—项目现场经费支付预算表

项目名称：　　　　　　　　　　时间：　　　　　　　　单位：元

序号	费用名称	项目经费支出预算总额	累计支出额	本月计划	备注
1	工资及奖金				
2	福利费				
3	五险一金				
4	工会经费				
5	职工教育经费				
6	办公、水电费				
7	劳动保护费				
8	差旅、交通费				
9	通讯费				
10	低值易耗品摊销				
11	财产保险费				
12	中介机构咨询费				
13	业务招待费				
14	规费				
15	税金				
16	利息支出				
17	……				
18	合计				

制表：　　　　　　　　　　　项目负责人：

附表 7-3

项目资金规划—节点支付

项目名称：　　　　　　　　　　时间：　　　　　　　　　　单位:万元

序号	支付项目	时间节点	计划完成产值	支付基数	支付比例	已付款	本期应支付款项	备注
1	劳务							
2	材料							
3	专业分包							
4	零星							
5	工资							
6	其他							
7	……							
8	合计							

制表：　　　　　　经营负责人：　　　　　　项目负责人：

附表 7-4

项目资金规划—项目固定资产采购预算表

项目名称：　　　　　　　　　　　　　　　　　　　　　　单位:万元

序号	资产名称	金额	使用部门	备注
1				
2				
3				
4				
5				
合计				

制表：　　　　　　综合管理员：　　　　　　项目负责人：

附表 7-5

项目资金规划—项目资金预算汇总表

项目名称： 单位：万元

项目	期初余额	产值		成本		回款		付款		期末余额	备注
		上月	至上月累计	上月	至上月累计	上月	至上月累计	上月	至上月累计		

项目经办人： 经营负责人： 项目负责人：

附表7-6

项目(预算外追加)付款审批表

编号：　　　　　　　　　　　　　　　　　单位:元

工程名称			分包分供单位名称			是否提供发票			
汇入单位			账号			开户行			
申请理由									
合同编号			合同造价			保修金		%	
			付款基数						
已付款情况	序号	金额	付款时间	比例	节点	序号	金额	付款时间	比例	节点
	1					6				
	2					7				
	3					8				
	4					9				
	5					10				
	累计已付金额					占合同价			%	
						占付款基数			%	
本期情况	申请时间		应付数		申请额		审核额		含本期累计占付款基数(%)	
项目经办人						项目生产负责人				
项目经营负责人						项目负责人				
公司审核人员										
公司审批负责人										

附表 7-7

项目预算执行分析表

项目名称：

序号	预算科目	预算数	实际数	执行率	差异额	差异原因说明
1	预计月度收入					
2	预计月度工程成本					
3	项目净现金流					
(1)	预计回款					
(2)	预计付款					
①	工程成本支出					
②	税金支出					
③	项目间接费用					
④	其他					
⑤	……					
合计						

经办人：　　　　　　经营负责人：　　　　　　项目负责人：

第八章 项目案例

工程项目管理相关工作案例的提出目的,是将管理过程中存在的具有一定共性与代表性的需要制定的制度、考虑的工作和需要解决的问题及解决的方式,提供给管理者参考,以便其了解工程项目管理中常见的一些工作内容及问题。通过相关工作案例,让管理者形成相应的逻辑管理思维,能在工程项目管理中发现问题、总结问题,提出决策方案和决策标准,并解决问题。

案例一　制度与流程

项目管理中出现员工不知道做什么、不知道怎么做的情况，项目管理中存在无章可循、无据可查的情况，这就催生了制度与流程。一个制度必然通过一定的流程来实现，一个流程必然需要一个制度对其进行约束与规范。

制度的编制有其特定的目的性与要求，即管理目标（这也是制定制度的原因之一）；要达成目标，需要相关具体的岗位、具体的部门做具体的工作，所有的工作都需要具体到相关责任人，这就需要在制度中明确人员职责（部门职责也需要落实到具体的个人职责中）；需明确管理目标与工作方法（包含业务流程的梳理与确定）；同时明确权利，明确考核与奖惩（做得好与不好的区别）。

每一个具体的制度也都有其局限性，一个制度不可能解决所有问题，所以每一个制度都有其适用的范围与时效性。制度的执行过程中也需要形成相应的表单、报告和记录，做到有章可循、有据可查。制度需要通过一定程序以便落实，涉及流程的梳理。流程需明确经办人（发起人）、审核人员、审批人员、流程通过后备案人员，明确参与人员的权责与权限。

一个制度要做到让员工清晰地了解做什么、怎么做，同时做到有章可循、有据可查，需要包括以下几个方面：

1. 管理目标；
2. 适用范围；
3. 人员职责；
4. 管理方法；
5. 考核与奖惩；
6. 管理业务流程图；
7. 表单、报告与记录。

制度的制定有两个维度必须考虑：需要考虑管理者、被管理者在角色互换的条件下是否都可执行，否则会成为单方面的想法而无法落实；从项目"三控三管一协调"考虑是有利于推进项目的实施，还是阻碍项目的实施。

项目合同是进行项目管理的基础之一，我们以项目管理中的合同管理以及容易出现纠纷的对下分包分供签证为例，编制"项目合同管理办法"案例与"分包分供签证制度"案例。

制度一：

××项目合同管理办法。

第一章 管理目标

第一条 为规范合同管理与合同流程，使合同的签订、履行规范化，并最大限度地防范、控制、避免合同风险，根据国家法律、法规，结合相关制度和要求，特制定本管理办法。

第二章 适用范围

第二条 适用于项目对外物资采购/租赁或对外分包类的合同管理，主要包括物资采购/设备租赁、专业分包、施工劳务类合同等。

第三章 人员职责

第三条 项目部在合同签订过程中承担的主要职责：

（一）项目部生产/技术负责人负责合同技术参数、质量要求、工作内容的完善，参与合同的起草、谈判。

（二）项目物资部在合同管理中承担的主要职责：

1. 组织物资采购/设备合同版本的起草；

2. 配合、参与物资合同的谈判。

（三）项目经营部在合同管理中承担的主要职责：

1. 项目部经营负责人负责根据比价或招标流程确定价格、付款方式、开票税率等，按相应合同版本组织分包分供方合同谈判及合同的草签工作，并根据草签的合同版本走"授权的合同审批流程"，跟踪、监督和检查合同的签订和落实。

2. 项目部合同管理员对盖章合同与流程审批确定的合同版本一致性负责；核对纸质版合同并盖章、分发、保存。

（四）项目负责人参与并督促以上工作的落实。

第四条 财务部在合同审核中承担的主要职责：

（一）审核开票形式是否符合税务部门要求；

（二）审核合同中的税率是否符合分包分供方企业标准；

（三）审核付款方式是否符合项目整体资金筹划。

第五条 法务相关部门在合同审核中承担的主要职责：

（一）合同主体是否符合要求；

（二）合同订立是否符合程序规定；

（三）合同内容是否合法；

（四）合同主要条款是否完备；

（五）合同文字表述是否严谨；

（六）合同约定的权利义务是否明确、合理；

（七）其他应当审查的内容；

（八）负责协助执行部门向违约合同单位进行索赔。

第四章 管理方法

第六条 合法性原则：合同管理必须符合有关法律法规及行业规定，使得公司的权益能够依法受到保护。合同的订立和履行应当遵循合法、审慎、公平和诚实守信的原则。

第七条 招标比价原则：合同单位应通过招标或比价方式确定、拟签合同正文及其补充协议（包括相关附件），作为招标文件的一部分一并发给投标单位，投标单位需对其进行确认。但以下情形可不进行招标或比价：

（一）经公司相关授权审批已经确定了相应的分包分供方；

（二）政府、行业垄断性质的业务。

第八条 利益明晰原则：合同应清楚地界定、描述各方的权利和义务，杜绝模糊、歧义、推诿、扯皮现象。

（一）合同中应有明确的、可以界定清楚的合同价款、税费税率、结算办法及付款方式；如果合同价款可能调整，则应明确调整依据、调整方式（如何计价、总价如何最后确定等），并就各类变更的有效性、可控性作出明确规定（如工程类合同设计变更与现场签证）。

（二）应明确分包分供方相关信息：营业执照统一社会信用代码，法定代表人现居住地（通讯地址）及联系方式，涉及资质的需明确资质证书号码、资质专业及等级、发证机关。

第九条 标准文本原则：订立合同应当采用统一制定的合同标准文本；尚未制定标准文本的，参照公司或项目部以前最相类似的合同标准文本。

第十条 事前签订原则：对应该签订书面合同书并有款项收付内容的需事先签订合同，然后开始履行。特殊紧急情况下，应经公司相关授权审批同意，并在一周内按已签订的书面合同，补全相应流程及手续（如"合同审批流程"中意见与已签合同有原则性出入，需在流程审批后一周内补签补充协议）。

第十一条 合同签署的原则：由对方优先签字盖章（合同一式四份，特殊情况按合同约定份数），法人及代理人需签字盖章，公司需盖骑缝章。

第十二条 诉讼原则：合同条款中关于合同争议解决办法如采用诉讼方式解决，争议解决优先考虑公司所在地人民法院起诉,或项目所在地人民法院起诉,不得选用其他地方人民法院起诉。

第十三条　合同管理原则:坚持事前法律风险防范、事中合同条款执行及法律风险控制、事后法律监督和补救的原则。

第五章　合同的起草、谈判、流程审批、定稿

第十四条　物资/设备租赁合同:物资部根据项目部提供的施工进度计划要求,根据物资/设备进场计划要求,提前完成物资/设备合同的起草工作,在完成分包分供方选择工作后,及时参与项目部组织的合同谈判及签订。

第十五条　劳务及专业分包合同:经营部根据项目部提供的施工进度计划要求,根据劳务及专业分包队伍的进场计划要求,提前完成劳务及专业分包合同的起草工作,在完成分包分供方选择工作后,及时参与项目部组织的合同谈判及签订。

第十六条　项目经营部组织合同谈判并做好"合同谈判记录"(具体见附件);公司相关部门根据需要参与合同的谈判。

第十七条　合同审批流程:

(一)物资合同走"物资/设备合同评审流程",劳务及专业分包合同走"劳务及专业分包合同评审流程";合同流程需填写合同编号。

(二)合同审核人要在自己的职责范围内签署审核意见,不得只签名字,不表示意见。对不符合要求但因特殊原因确需修改的内容应在流程中注明,公司合同分管审批人员需确认是否同意。

(三)合同流程发起人需跟踪合同流程的审批;流程发起人根据流程审批意见,修改合同相关条款;流程发起人在流程确定5个工作日内提供分包分供方盖章的纸质版合同给经营部合同管理员。

(四)合同最终审批权限归公司总经理所有,特殊情况经总经理批准,可先盖章,后补走合同审批流程(流程发起人需在流程中说明)。

第六章　合同的编号、登记、保管、存档、备案和归档

第十八条　合同编号:

项目名称/合同类型(分专业 ZY、劳务 LW、材料 CL)/编号/具体名称(如:××项目001ZY 消防、××项目002CL 钢筋、××项目003LW 木工)。

第十九条　合同台账:

(一)项目部合同发起人负责建立项目部合同台账,详细记录合同的订立和履行情况(具体见附件),并保证实时进行更新。

(二)公司合同管理部门负责建立公司合同台账,并保证实时进行更新。

（三）项目部与公司合同管理部门按月核对已签合同及待签定合同的台账。

第二十条 保管、存档、备案和归档：

（一）原件四份分别由公司合同管理部门存档一份、公司财务部存档一份、项目经营部存档一份、分包分供方一份。

（二）项目部合同经办人留存复印件。

（三）公司合同管理部门在收到项目部纸质合同2个工作日内，按公司盖章流程完成合同盖章，并按以上条款约定分发到相关部门；交由分包分供方的原件由项目部合同经办人转交；所有发放需做好书面登记工作。

第七章 合同的交底、执行、反馈与总结

第二十一条 合同交底：

在合同签订之后，项目经营部负责人根据项目部要求向合同执行部门有关人员进行合同讲解交底，项目部将交流情况形成会议纪要。

第二十二条 合同执行：

（一）合同执行部门有责任按合同条款要求对合同全面执行，执行部门（签订合同的项目部）、公司项目管理部门、公司财务部三方相互复核和监督。

（二）有关合同履行的书面函件、联系单、邮件、会议纪要等均为合同的组成部分，项目部应及时收集、整理、保存有关资料，为结算做好基础工作。

（三）对合同履行过程中的违约情况或违反合同条款事件，合同履行部门应及时查明原因，通过取证，按照合同规定，及时、合理、准确地向对方提出索赔（含违约）。由于对方责任，我方权益受损时，签约部门有责任收集证据并报公司相关部门，及时追究对方的责任。当我方接到对方的索赔（含违约）书面报告后应及时处理、举证或反诉。

（四）合同本身条款的执行过程中如发生纠纷，合同履行单位应及时分析查明原因，并报公司合同管理部门及法务部，及时与对方协商解决。若协商不成，在法律规定的时效内根据合同约定进行处理。

第二十三条 合同反馈：

（一）合同执行部门将合同执行过程中发现的问题，在发现的当月以书面形式反馈给合同起草部门。

（二）各部门根据相关制度规定，按年度对合作商做好评定工作。

第八章 合同的变更、补充协议的签订

第二十四条 合同依法订立后受法律约束，不得擅自变更或解除。

（一）合同履行过程中，确需变更包括合同履行主体、标的、履行期限、违约责任、双方

权利义务等实质性条款的,合同承办部门应当就合同变更事项与对方当事人订立书面补充协议。

(二)若确需变更或解除时,需与对方协商达成一致意见。

(三)合同变更及补充协议必须由原合同签订部门负责更改,并经"合同审批流程"通过后,依法签署变更或解除合同的书面协议。"合同审批流程"发起人需说明变更或解除原因,同时做好变更文件的整理、保存和归档工作,变更后的合同与原合同发放的范围相同。

第二十五条　合同中止:

对于特殊情况下合同履行过程中的合同中止,必须及时办理中止手续,收集因中止合同给我方带来的经济损失的证据和资料,以及时追究对方的责任。中止的合同又恢复继续履行时,依相同的程序办理恢复手续,合同的中止和恢复都必须办理"合同审批流程"。

第二十六条　合同终止:

对于合同的终止,合同履行部门应做好终止记录,收集履行过程中所有与合同有关的文件,做好经济往来和合同结算工作。办理解除合同的手续,须通过"合同审批流程"审批。

第九章　责任与奖惩

第二十七条　合同洽谈、签订人员应具有相应的业务能力和专业知识,遵纪守法,严禁借工作之便假公济私,严禁签订违法合同、无效合同、权利义务不对等和执行后不利于企业/项目的合同。

第二十八条　任何部门和个人均有权直接向公司合同监督部门检举、揭发利用合同进行违法活动的行为,在保密的基础上对检举揭发有功人员将给予奖励。

第二十九条　对下列情况之一的,须根据情况追究有关责任人员的行政、经济乃至法律责任:

(一)在合同签订过程中,违反本管理规定,玩忽职守给本企业造成损失的。

(二)未经授权或超越权限,不依规定程序滥签合同,签订无效合同,给企业/项目造成损失的。

(三)在合同履行过程中,由于部门或个人失职致使合同不能正常履行,给企业/项目造成损失的。

(四)在签订、履行合同过程中,利用职权和工作之便索贿受贿、徇私舞弊致使企业的利益受到损害的。

(五)有关责任人在"合同审批流程"审核时"审核不到位"或"意见签署不恰当",给企业/项目造成损失的。

第十章 表单、报告与记录

第三十条 合同台账记录表：

序号	合同编号	合同名称	合作单位	合同总价	税率	签约日期	合同执行状态	备注
1								
2								
3								
4								
5								
6								
7								
8								

注：本表由项目经营部负责编制，每月底上报公司相关部门。

第三十一条 合同谈判记录表：

工程名称及合同内容		日期	
		地点	
		主持人	
合同谈判内容记录： 1. 工程名称： 2. 工程地点： 3. 合同期限： 4. 分包范围： 5. 工程质量： 6. 合同额： 7. 税金： 8. 工程量的确认与结算： 9. 工程款（材料款）支付方式： 10. 其他：			
甲方参与谈判人员：			
乙方参与谈判人员：			

第三十二条 流程图：

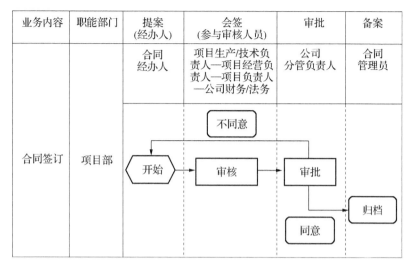

第三十三条 本办法由××部门负责解释，自××××年××月××日开始实施。

制度二：

分包分供签证制度与流程。

第一章 管理目标

第一条 为规范技术变更和工程签证的工作程序，确保技术变更和工程签证的有效性、可执行性，满足工程的质量、成本和进度等要求，进而控制技术变更、签证的费用，利于参建项目的有效风险管控，特制定本管理办法。

第二章 适用范围

第二条 适用于所有在建工程（对下分包分供方）的技术变更及签证项目。

第三章 人员职责

第三条 项目生产经理是签证的第一责任人，施工员是签证的见证人；纸质签证须由生产经理和施工员签名，并按序编号（如有合同需对应合同）。

第四条 项目生产经理负责变更签证实施必要性及合理性的认可说明工作，负责签证实施的确认工作。

第五条 项目造价人员负责变更签证是否进入结算的必要性及合理性的认可说明工作，并根据公司审批意见，负责经公司审批确认的签证进入结算。负责整理对下签证汇总表、跟踪签证的归档工作,工程结算时负责签证资料的提供。

第六条 项目负责人是签证的管理者,负责督促落实签证按制度办理,协调签证实施方对签证审批意见的认可工作。

第七条 公司分管造价负责人负责对签证的审批确认工作,安排相关人员做好签证的归档工作,并负责督促项目部对签证的汇总。

第四章 管理方法

第八条 由施工班组在签证工作发生后7天内(特殊情况不超过15天)发起。

第九条 项目生产经理、施工员对签证的必要性、真实性及合理性进行初审。

第十条 项目造价人员确认签证进入结算的必要性及合理性。

第十一条 项目负责人负责项目部相关意见的确认。

第十二条 根据权限,由公司分管造价的负责人作为最终审核人并负责督促签证的汇总。项目造价员负责流程审批通过的签证资料归档工作。

第十三条 签证人员必须签署明确的意见,必须明确该签证发生的具体金额;涉及多个班组的需所有相关班组签字确认。

第十四条 争议签证处理:

对有争议的工程签证单,需经项目负责人会同公司分管造价负责人审核,办理审批流程并经公司专项会议同意后,方可作为结算依据。

第十五条 工程结算:经过公司分管人员审批的工程签证,方可作为结算的依据。工程签证单属原合同范围增减部分的,在原合同的"项目结算"时并入,结算时间按原合同约定。工程签证单属于单独的工程,结算时间则在签证中明确。

第五章 考核与奖惩

第十六条 分包分供班组,超过规定时间上报的签证,每延误1天扣减审核确认签证金额的1%。

第十七条 管理人员审核时间是否及时、签证意见是否完整、签证审核是否精确、汇总表是否及时,纳入相关人员月度绩效考核及项目绩效考核中。

第六章 管理业务流程图

第十八条 具体审核流程:开始(发起)—施工班组现场经办人办理工程签证—施工员初审—生产经理审核—项目造价人员审核—项目负责人审核—公司分管造价负责人审批—项目造价员备案;流程过程由项目造价员跟踪。

第十九条 备案:

项目部备案由项目造价员负责;公司备案由公司分管造价负责人安排相关人员负

责。以项目部流程和公司审批通过的签证为依据，以项目为单位按合同分类编码、归档，以审批通过归档的签证资料为结算依据。

第二十条 流程图：

业务内容	职能部门	提案 (经办人)	会签 (参与审核人员)	审批	备案
分包分供签证	项目部	分包分供负责人	旗工员—生产负责人—造价员—项目负责人	公司分管人员	项目造价员
		开始 → 审核 → 审批 → 同意/不同意 → 归档			

第七章 表单、报告与记录

第二十一条 工程量签证单（纸质版）：

签证编号 NO.＿＿＿＿＿＿

工程名称：			
签证项目名称		验收日期	
签证内容工程量	（正式内容及涉及金额） 施工班组负责人签字： 年　月　日		
项目部意见			
施工员： 签字： 年　月　日		生产负责人： 签字： 年　月　日	
造价员： 签字： 年　月　日		项目负责人： 签字： 年　月　日	
公司分管负责人： 签字： 年　月　日			
备案部门：			

第二十二条 本办法由××部门负责解释，自××××年××月××日开始实施。

案例二 分包分供选择

项目分包分供(劳务分包、物资采购、设备租赁、专业分包)的选择与确定,直接影响项目质量、进度、成本及安全。分包分供的选择是一个系统的工作,需要多部门多专业配合,需要统筹考虑,在(询)议标之前明确相关要求。

项目部根据公司授权:负责对本项目使用的分包及分供方的考察;负责在规定金额内进行项目分包及分供方(劳务分包、物资采购、设备租赁、专业分包)的选择。

询标:按照正规流程编制询标文件,报价方提交正式报价文件,组织评标小组询标、定标。

议标:提供非正式的或口头的询标邀请,报价方提交简单的报价资料,经评标小组比价后定标。

项目部负责询议标总计划、专项及劳务(询)议标报价表的编制,明确质量、进度、价格、税率、付款方式等要求;项目部技术人员负责分供方标的物技术参数的完善,项目部经营人员负责分供方标的物数量、工程量的完善。项目部根据项目实际情况编制询标文件(并附合同),填写专项及劳务(询)议标报价表(参见样表 8-1)、招(询)标(比价)汇总表(参见样表 8-2),编制后根据公司授权确定是否需报上级部门审核,确定后发报价单位报价。

在确定开标前一天由项目部通知评标委员会成员具体时间和地点,评标人员根据公司相关制度确定。同时,通知各报价方准时到会参与(询)议标。需缴纳投标保证金的,开标前由财务部负责落实各报价方是否已递交了报价保证金,并出具书面证明给项目经营部以备开标时评标委员会人员核查。

根据公司制度确定的开标、评标与定标工作,确定意向中标人,报经相关审批领导审批确认后,确定中标人,约谈后签订合同。

每年度公司组织一次分包及分供方评比,由项目部推荐候选单位;由公司相关部门进行评选;在各项目推荐的分包及分供方中选出一定数量的最诚信分包及分供方。对最诚信分包及分供方,公司颁发证书并通报(可在公司网上公示),并可邀请其参加公司年度工作会议。对进入诚信分包及分供方的队伍,可直接邀请参加独家议标,履约保证金按最低标准缴纳。

所有支付预付款的分包合同,其(询)议标报价表均须报经公司相关部门审批或根据公司相关制度确定;具体额度、退还原则应在(询)议标文件中明确,报价保证金由财务部门收取并出具收据。所有合同须经相关流程审核通过并报公司备案。

为促进分包资源良性竞争,提高分包资源适应项目新要求,原则上分包及分供方的入围队伍在公司《诚信分包方名录》《诚信物资/设备分供方名录》的基础上,每次应增选一家以上经考察入围的分包及分供方参加报价。

案例二 样表 8-2-1

专项及劳务(询)议标报价表

项目名称：

序号	项目	内容	备注
1	项目名称	项目部填写	
2	分包内容	项目部填写	
3	工作内容	项目部填写	
4	质量要求	项目部填写	
5	工期要求	项目部填写	标明节点工期
6	安全文明	项目部填写	
7	劳资管理	项目部填写	
8	甲供材料	项目部填写	
9	乙供材料	项目部填写	
10	结算依据	项目部填写	
11	建筑面积	项目部填写	
12	付款方式	项目部填写	
13	工序要求	项目部填写	
14	保修及违约责任	项目部填写	
15	是否提供样品	项目部填写	
16	是否缴纳投标保证金	项目部填写	
17	其他要求	项目部填写	
18	报价：单价(总价)	报价人员填写	清单可另附
19	报价：含税率(税票形式)	报价人员填写	
20	报价单位	报价人员填写	
21	报价联系人姓名及联系方式	报价人员填写	
22	报价人计划现场管理人员姓名	报价人员填写	
23	报价人其他要求	报价人员填写	
24	开标地点	项目部填写	
25	开标时间	项目部填写	
26	……	……	

报价单位法定代表人或委托代理人(签字)：

报价单位(盖章)： 年 月 日

案例二 样表 8-2-2

招(询)标(比价)汇总表

工程名称：

需说明情况			单位名称	供应商 A	供应商 B	……	备注
			联系人				
			电　话				
			传　真				
			邮　箱				
			税　率				
			付款方式				
			交货期限				
序号	材料/设备名称	品牌规格型号	单位	数量	报价(含税价)			
					单价	总价	单价	总价	单价	总价
1										
2										
3										
4										
项目审批					公司审批			
经营负责人					审核人			
技术负责人					审批人			
项目负责人								

注：技术负责人对本表中的"品牌规格型号"负责，经营负责人对本表中的"数量"负责，此表由经营负责人统计汇总。

案例二 样表8-2-3

诚信分包方名录

序号	工程分包方名称	专　业	资质情况	主要合作项目	法定代表人	联系电话	入册日期

发布部门：　　　　　　　　　制表人：　　　　　　　　　负责人：

案例二 样表 8-2-4

诚信物资/设备分供方名录

序号	供应商(经销商/生产商)名称	销售/安拆资格情况	供应产品名称	合作项目	法定代表人	联系人	联系电话	入册日期	备注

发布部门： 制表人： 负责人：

案例三 成本管理—物资管理

成本管理涉及量(数量)、价(单价)控制,时间成本(供应速度、施工速度),财务成本(付款方式),质量及维修成本(性价比)多个维度。成本管理是在质量控制、职业健康安全与环境管理、合同管理的前提下,结合信息管理、组织协调、工程进度控制进行的成本管理。

价控需要根据现行的市场行情,对未来的风险进行预判。价控的重点是询价标准要统一、时间成本与财务成本要考虑,采取集中采购的形式;价控的目标是促进公司的战略供应商的形成。量控需要根据图纸做法与实际施工做法,进行图纸分析,确定目标用量,减少损耗;量控目标是需要形成自己的企业定额,对未来项目进行指导。

成本管理中涉及的物资管理:物资采购必须根据进度计划、采购周期,综合考虑采购成本的情况下,先计划后采购,计划必须准确,力争库存最小化。钢筋、砼、模板木方等大宗材料需做好施工用量、定额用量、实际用量的统计分析工作(材料明细分析与限额领料),对超用量须分析原因,并采取防范措施。

物资采购(使用)表由生产或技术负责人编制填写"施工需用量",造价人员填写"定额用量",项目经理审批后交经营负责人组织采购,材料采购进场、使用后,仓管员应及时填写"实际用量"。实际使用量与计划采购量有误差,项目负责人需及时组织相关人员分析原因,并在下阶段施工过程中有相应的应对措施。

物资质量的验证和检验:物资进场后,项目经理部物资管理员组织生产/机电工程师与供应商、分包队伍代表共同检验物资的外观质量、规格型号、生产厂家(品牌)是否符合采购合同(采购计划)和设计及业主的要求,需要报验的物资及时通知监理工程师参与验收,同时要求供应商必须随货提供质量证明文件(质保书、出厂合格证、试验报告等);需送检的物资,及时填写"材料检测委托单"通知试验员送检或复检,严格遵照先检后用的程序,如有不符或不合格品应及时组织退货或拒收,甲供材料要及时将情况反馈到发包方。

验收入库必须采用实物验收,严禁凭单验收,物资管理员、分包队伍代表、供应商代表共同清点数量或过磅验证,并在送货单或物资验收入库单上共同签字,送货单或物资验收入库单为四联单,采购员、物资管理员、分包队伍、供应商各保存一联,此单据也作为与分包队伍结算时核算材料损耗指标的依据。物资验收入库单的内容包括收料时间、物资名称、规格型号、计量单位、数量、生产厂家/供应商、质量验收情况。物资验收进场后,项目物资管理员根据签收的物资验收入库单,将质量证明文件及时移交项目资料员。供应商与项目经营负责人凭物资验收入库单办理物资结算单,以此作为物资付款依据。

物资调拨回收和废旧物资处理管理：项目部物资管理员根据授权及相关流程负责管理废旧物资处理工作；项目施工过程中及完工后，剩余和废旧物资处理的审批权按公司授权执行。在不影响项目施工和工程质量的前提下，项目部须无条件优先使用公司范围内其他项目部库存物资，项目之间有偿调拨并及时办理物资调拨单。

项目物资管理员在项目部经营负责人和项目经理领导下全过程负责本项目的废旧物资的处理。项目经营负责人及物资管理员应到项目现场实地了解，根据项目部生产状况（包括公司其他项目生产需要），把握施工现场情况和物资可利用情况，安排项目之间调拨周转。确实无法调剂的，对废旧物资的处理提出申请，由项目负责人审批后根据授权是否上报公司，审核通过后方可对外转让。

大宗物品转让采用询议标方式确定受让方，参与竞标的受让方不得少于三家，按"价高者得，现款现货"的原则选择并签订转让合同。废旧物资处理的计量（过磅）应经项目物资管理员和项目部财务共同确认签字。处理回收的款项交财务部，由财务部开具收据，项目部经营负责人、项目财务分别留底，以便于项目部和公司财务对账。项目物资管理员设专门台账，按项目对废旧物资处理情况进行登记，必须保证资料清楚、真实、可追溯。不可回收利用的废旧物资由项目经理部按照环境管理要求处置。

案例三　样表 8-3-1

物资采购(使用)表

项目名称：　　　　　　　　　　　　　　　　　　　　　　　　　　　编号：

物资名称	规格型号	需用部位	需用时间	质量要求	单位	施工需用量	定额用量（含变更、不含损耗）	实际用量	备注

生产/技术负责人：　　造价员：　　项目负责人：　　经营负责人：　　物资管理员：
日期：　　　　　　　日期：　　　日期：　　　　日期：　　　　　日期：

说明：1. 本表由生产/技术负责人填写"施工需用量"，造价人员填写"定额用量"，项目负责人审批后交经营负责人采购，材料采购进场、使用后，物资管理员应及时填写"实际用量"。
2. 本表生产/技术负责人填写编号，原件一份由材料员按编号整理、留存备查，复印件由经营负责人及物资管理员根据需要留存。
3. 实际使用量与计划采购量有误差，材料员跟踪项目负责人应在备注填写情况说明。

案例三　样表 8-3-2

钢筋分析

序号	工区	分部分项	管理目标用量(T)	动态变更调整量(T)	累计已进场量	预计进场量	差异（T）	预计节约率	备注
1	一工区	地下部分							
		地上部分							
2	二工区								
3	……	……							

制表人：　　　　　　　审核人：　　　　　　　审核日期：
备注：

案例三 样表8-3-3

模板明细分析表

模板	情况说明				造价员	生产经理	物资管理员	造价员	
序号	区域	使用日期	施工部位	规格型号	预算用量（m²）	计划用量（m²）	实际数量（m²）	量差（正数为节约、负数超支）	原因分析
1									
2									
3									
4									
5	合计								

制表人： 审核人： 审核日期：
备注：

案例三 样表8-3-4

混凝土明细分析表

混凝土	情况说明				造价员	生产经理	物资管理员	造价员	
序号	区域	使用日期	施工部位	标号	预算用量（m³）	计划用量（m³）	实际数量（m³）	量差（正数为节约、负数超支）	原因分析
1									
2									
3									
4									
5	合计								

制表人： 审核人： 审核日期：
备注：混凝土浇筑完隔天出情况分析。

案例三 样表 8-3-5

物资验收入库单

验收单位：××项目经理部　　　　××××年×月×日　　　验收第　×　号

序号	生产厂家/供应商	物资名称	规格型号	计量单位	数量	质量验收情况	备注（使用部位）
1						有产品合格证、质量证明书、符合合同要求	
2							
3							

物资管理员签字：　　　　　　　　　分包班组负责人签字：
　供应商签字：　　　　　　　　　　经营负责人签字：

案例三 样表 8-3-6

物资结算单

项目名称：××项目经理部　　　结算编号：　　　附件：　张　　　单位：元

供应商名称：			结算日期	年　月　日至　年　月　日			
入库单号	批号	物资名称	规格型号	单位	数量	单价	总金额
本次结算金额							
累计结算金额							

供应商签字：　　　　　经营负责人：　　　　　　　　　　财务审核：

案例三　样表 8-3-7

物资调拨单

调出单位					调拨日期	年　月　日	
调入单位							
物资类别	物资名称	规格型号	单位	数量	单价	金额	
备注				合计总金额			
调出方经营：		调出方项目负责人：			调出方物资管理员：		
调入方经营：		调入方项目负责人：			调入方物资管理员：		

注：本表一式三联。

案例三　样表 8-3-8

项目废旧物资处理申请表

项目名称：						
物资名称	单位	数量	完好程度	计划退场时间	项目部意见	
					□调拨到＿＿＿＿项目□转让□报废	
					□调拨到＿＿＿＿项目□转让□报废	
					□调拨到＿＿＿＿项目□转让□报废	
物资管理员			项目经营		项目负责人	

注：废旧物资包括自有周转材料、小型设备和机具、工具式的标准化安全防护用品、CI用品、办公用品等；没有使用价值的钢筋废料和模板木方废料等。

案例三　样表 8-3-9

限额领料汇总单

分包班组名称：			统计日期：		编号：		
物资名称	规格型号	单位	施工部位	定额用量（不含损耗、含变更）	限额指标(施工用量加合理损耗作基数进行限额)	实际用量	备注
物资管理员签字：　　　　　　　　　班组负责人签字： 生产负责人签字：　　　　　　　　　项目经营负责人签字：							

注：本表一式三份。

案例四　机械管理

项目部自有机械使用，存在工效不足、使用成本较高、维修率高的情况。提高机械工效及成本管理，确保合理使用机械设备，需要项目部建立健全机械设备台账及技术档案，做好机械资料的记录归档，掌握机械设备动态，并准确及时上报各种统计报表。

项目部需配置机械设备管理员，可由项目物资管理员兼职。负责落实机械设备的日常使用、维护保养、调拨协调及监督检查工作，建立项目机械设备台账，及时上报机械设备统计报表，确保机械设备的完好。

根据各类型机械情况，机械操作员必须经过培训，经培训考试合格后持有效证件操作机械，无操作证严禁操作机械。机械操作员负责做好进场机械设备的安装、调试与验收，做好项目机械设备的进、出场交接工作，设备退场时应确保所移交的设备完好。机械操作人员使用机械必须实行"两定三包四会"（即定人、定机，包使用、包保管、包保养，会使用、会保养、会检查、会排除故障）制度。机械操作人员要正确地使用机械，按规定进行保养，并对其使用维护建档，确保机械设备整洁完好。项目部负责机械的统一编号，统一标识，标识应固定在机器上易于察看处；录入项目固定资产台账。

机械设备使用的日常管理由项目部负责，即贯彻"谁使用，谁管理"的原则。所有机械设备在使用期间要按规定做好日常保养、小修、中修等维护保养工作，严禁带病运转。维修采取定点维修，须事先报项目部审核批准。机械设备每次维修应及时填写报修单，要做好维修登记工作。

机械设备使用的燃料可由项目部集中供应，原则上不允许单独采购，燃料来源由物资采购员集中购买。燃料添加时由机械设备管理人员、经办人记录添加量及里程表数量，根据机械设备油耗指标，项目部每月与机械操作员核对使用情况。

工程竣工时机械设备应做好保护工作，小型设备应清洁、维修好进仓库，大型设备应定期做好维护保养工作。停用后再次使用，需做好登记运转记录。机械设备超过使用年限，或不堪使用且无维修价值，由使用项目部提出书面申请，由公司相关部门鉴定、审批后办理报废手续；报废了的机械设备不得再投入使用。

项目需用机械设备应优先使用公司自有设备，需与相关分管部门沟通确认是否可以调配，报经同意后进行调配（开具调拨单后方可执行）。机械设备办理进出场，机械操作员需要进行检查、核验，并做好记录。明确机械设备名称、型号、数量、技术状况和随机附件、工具等配置情况，交接双方需要签字确认。调配涉及车辆运输的，由使用项目部安排，费用报销归使用项目部。调配机械使用需做好机械使用台班记录，使用费用按月计入项目成本。

机械使用选用原则：根据工程量、工期、施工条件以及现有机械数量和状况统筹安排使用。机械设备性能应与工程任务和使用条件相适应。切勿"大机小用""专机通用""小机超用"，以免影响经济效益或造成安全事故。在保证按期完成施工任务的前提下，应根据项目规划和机械使用计划综合考虑，投入施工的机械设备数量应恰当。同一项目的施工机械，为便于管理、维修，其厂牌、型号或规格应尽量统一。项目经营部负责机械使用成本、工效的统计分析工作。

案例四　样表 8-4-1

机械设备使用审批表

项目部		设备名称	
申请人		设备型号	
申请日期		设备编号	
用　途		预计使用时间	
里程表起始数		里程表起止数	
审批人		机械操作员	
备注			

案例四　样表 8-4-2

机械设备加油记录表

设备名称		设备型号		设备编号	
序号	日期	加油量	里程表读数	加油人员	备注
1					
2					
3					
4					
5					
6					
7					
8					
9					
10					
11					
12					
13					
14					
15					

机械操作员：　　　　　　物资管理员：　　　　　　项目经营负责人：

注：此表按月统计。

案例四　样表 8-4-3

机械设备维修记录

设备名称			设备编号			
设备型号			设备购买时间			
序号	维修保养					
	日期	里程表读数	维保项目	结果	签名	备注
1						
2						
3						
4						
5						
6						
7						
8						
9						
10						

案例四　样表 8-4-4

机械设备报废申请表

设备名称		设备编号	
设备型号		设备购买时间	
里程表数		已使用年限	
设备现状			
报废原因			
经办人			
项目部意见			
公司审核审批			
备　注		附件资料	

案例五　劳资与安全管理

实行建筑工人实名制管理：实名制考勤、工资专户开户、总包委托银行代发工资。进出项目现场的项目管理人员及施工作业人员，相关信息及时录入实名制系统，对于临时聘用人员也应纳入实名制管理之中。每天上下班必须通过实名制考勤通道，实名制管理考勤作为工资发放依据之一。

安全管理与劳资管理是相辅相成、统一的，人的不安全行为，或是物的不安全状态，又或是管理缺陷产生的安全隐患，大部分情况都是由人造成的。项目现场一线工人存在违章操作、冒险蛮干、嫌麻烦、图方便、走捷径、盲目操作的现象；安全意识不强、安全知识缺乏和安全防范意识淡薄；自我保护能力较差，身体素质不能满足高强度施工作业的需要；不使用或不正当使用劳保防护用具等等。原来的建筑业发展，在某种程度上是建立在总体安全投入较低的情况下，用较低的安全成本获取不合理的经济收益；这种观念与做法已不能匹配现行建筑业的发展，现在的市场与主管部门以及行业要求对安全管理、安全投入已达到前所未有的一个高度。

依靠谁、服务谁，项目的顺利开工与竣工交付，所有工作离不开现场一线建筑工人的辛勤付出与辛苦劳动，所有工作必须依靠一线工作人员；管理安全必须把与一线工作人员的管理联系起来。工人进场前必须签订用工合同，做好安全交底，办理相关保险，落实实名制管理。做好劳资与安全管理，避免劳资纠纷、安全事故。在确保安全第一的前提下落实各项工作，是项目管理人员工作的重中之重。

大型建筑企业在施工安全管理工作中，为提高人的安全意识及安全主观能动性，落实工程项目全员安全生产责任制和班组安全生产管理责任制，20世纪就开始完善安全生产班前会制度。国家及相关部门对此也相继出台实名管理制度，并全面规范落实班前安全"晨会"制度。江苏省住房和城乡建设厅2022年以政府文件的形式出台了"晨会"制度，明确了"晨会"实施范围、参加人员、时间与基本内容，参见"苏建函质安〔2022〕523号"文件（基本内容）：

（一）"晨会"点名

各施工单位作业班组到指定地点集合、列队，班组长点名，专人拍照或录视频，参加班前安全"晨会"所有人员均应在影像资料中体现。项目管理人员应现场监督"晨会"开展，确认作业班组人员出勤情况。

（二）"晨会"检查

1. 查安全防护用品：检查安全防护用具和安全防护服装，如安全帽、安全带、工作服、工作鞋、防护眼镜、防护手套等劳动防护用品佩戴情况；检查当天所用的劳动用品、电动工具、临时用电接电线路等情况。

2. 查人员身体状态：检查当天拟作业人员的身体和心理状况，并对身体状况不好的作业人员有相应管理措施。如年纪过大（60岁以上），或有高血压等心脑血管病史，或身体状况明显不良的作业人员等，不能从事高空、高温、高湿、隧道、有限密闭空间、特别繁重体力劳动的作业，或其他影响身体健康、高危险、高风险的工作等。

（三）工作安排

根据施工项目部布置的工作任务，明确本作业班组当天的工作内容、需完成的工作指标及工作位置，将分工明确到每名作业人员，让作业人员对当天在什么地方干、干什么、如何干、达到何种标准、完成多少工作量、有什么安全风险、做好什么安全防护等明明白白，清清楚楚。

（四）安全技术交底

1. 项目的技术管理人员应将当天安全施工技术要求向作业人员详细说明，并告知危险岗位操作规程和违章操作的危害等。

2. 班组长要对本班组当天工作任务中存在的安全生产风险、不安全因素等提出警示，布置预防措施；对作业环境、危险源情况进行交底，并提出明确要求。如高处作业注意如何进行防护、需远离哪些隐患点；木工、钢筋工注意防护何种机械伤害、何处存在坠落伤害；电工需正确使用绝缘手套、穿好绝缘鞋，严禁带电作业，随层配电哪些地方存在安全隐患；有限空间作业应注意哪些安全事项，如何做好通风工作等。

3. 要求作业人员进入施工现场后，检查作业区安全防护措施落实情况，如发现工作点位有安全隐患，应立即向班组长报告，隐患整改完成后方可开始作业。

4. 要求作业人员严格遵守安全技术规范，不得违章作业、违反劳动纪律，严禁违规拆除或挪动各种防护装置、防护设施、安全标志、消防器材及电气（器）设备等。

（五）安全管理交流

1. 项目的技术管理人员、班组长应听取作业人员对现场作业条件、作业程序和作业方式等方面提出的安全问题和意见建议，并及时解决相关问题。

2. 总结前一天工作情况，对出现的问题或存在的隐患进行点评、分析，表扬、鼓励表现突出的作业人员，倡导全员向其学习；对于发现的"三违"现象进行批评，并将三违行为信息录入"省安管系统"，用于后期建安码数据采集。

项目部根据各作业班组施工进度、工作面、作业内容、安全风险等因素综合考虑班前安全"晨会"内容和组织方式，每天开工前以各工种作业班组为单位召开班前安全"晨会"，进行项目部安全教育；以签字、拍照为准，相关资料同时作为实名制考勤的补充材料（避免恶意讨薪的发生）。严格落实班前"晨会"制度，确保工作人员能够辨识危险源（危险的作业环境），不到没有安全措施的工作面、不违章操作、不冒险蛮干，使一线建筑工人能够自觉主动接受安全技术交底，作业过程遵章守纪，形成"要我安全"到"我要安全"，达到"我会安全""我能安全"的目的。

案例六　进度—工序安排与控制

项目劳务工种分工越来越细：泥工专业有砼浇筑工、砌墙工、粉刷内粉工与外粉工、地坪浇筑工、装饰地砖铺贴工等；钢筋分制作工、绑扎工；木工分排架搭设工、模板搭设工、排架拆除工、协助清理配合零工等。其他各专业工种内部也都有细分，各专业都有相应的工艺及技术要求，即使在泥工、木工、钢筋工等工种内部，都很难"跨内部工种"工作，如果要"跨专业"工作更困难，对工人的综合素质及经验要求更高。

材料的供应、机械的配合、班组工人的协调，缺少一环就会影响进度的推进，影响下道工序的施工，从而影响项目阶段性进度要求，影响总体进度的实现。在满足材料供应与机械调配等一系列前置条件前提下，如何有效地安排各工序、协调一线工作人员，显得尤为重要。

我们以建筑面积 3 000 m^2 工作面（5 m 层高，下部墙体有砼导墙，墙体中间有圈梁），主体阶段框架结构施工进度安排为例，把完成一个楼层主体砼浇筑、模板拆除清理、墙体砌筑完成需要的相关工序、人员安排、工作时间列出，以此说明工序的衔接的重要性。我们用表格的形式，而没有用横道图形式，因为表格更能够让一线班组管理人员迅速掌握。现阶段劳务管理人员存在参差不齐的现象，如何把项目部的意图彻底有效落实，前提是必须使一线班组清晰知道项目部的指令及要求；故对于班组的进度安排，需避免使用横道图，甚至网络图的形式，以便一线工作人员能够迅速、清晰地了解项目部的指令及要求。

样表中主体施工班组工序进度安排表：钢筋制作、模板配模备料等为前置工作（没考虑工作时间），植筋没有考虑达到强度后拉拔检测间隔时间，顶部墙体走码砖砌筑没有考虑下部墙体砌筑完后的间隔时间。

样表是在满足人、材、机前提下的理论工作时间，项目现场不确定因素很多，实际达到有一定的难度。施工过程往往会有很多冲突，工序的安排，人、材、机的前期准备，班组之间的配合，管理人员的协调，直接影响项目的进展。工序的管理、进度的推进，不是仅仅依靠一个进度计划表、一个网络图、一个表格就能够达成的，需要一线管理人员提前考虑、提前安排，过程中不断协调推进、跟踪落实。

主体施工进度安排中，往往忽略模板拆除与清理的时间及进度，而这恰恰影响后续砌墙工序的进场施工，影响主体验收时间，影响后期土建装饰施工的进场；在进度安排中必须重视模板拆除与清理，实际施工进度控制中必须作为一项主控项。

案例六　样表 8-6-1

主体施工班组工序进度安排表

项目名称：

序号	工期	工作内容	人员安排(人)	备注
1	第 1 天	本层结构放线	4—6	
		本层结构柱钢筋绑扎	20—30	
2	第 2—5 天	上一层结构木工排架	20—30	
3	第 5—9 天	上一层结构木工模板	50—60	
4	第 7—11 天	上一层结构梁板钢筋绑扎	40—50	安装及幕墙预埋同步
5	第 10—11 天	上一层结构木工封模	20—25	
6	第 12 天	上一层结构砼浇筑	20—25	
7	第 13—20 天	上一层结构砼养护	1—2	
8	第 21—23 天	木工模板系统：支撑拆除清运(清理、局部留顶撑)	10—15	具体时间需达拆模要求
9	第 23—25 天	木工模板系统：模板拆除、起钉、清运(清理)	10—15	
10	第 26—28 天	本层墙体放线	4	
		本层墙体植筋	2	
11	第 28—30 天	圈梁下部墙体(砼导墙)：立模、浇筑，第二天拆模	20—30	涉及钢筋工、木工、泥工
12	第 31—33 天	圈梁下部墙体砌筑	20—30	
13	第 34—36 天	圈梁钢筋及圈梁下部构造柱立模	20—25	涉及钢筋工、木工
14	第 36—38 天	圈梁砼浇筑、上部砌墙脚手架搭设	20—25	涉及泥工、脚手架工
15	第 38—41 天	圈梁模板拆除、圈梁上部墙体砌筑	20—30	涉及木工、泥工
16	第 42—44 天	圈梁上部构造柱钢筋、立模	20—30	涉及钢筋工、木工
17	第 45 天	圈梁上部构造柱砼浇筑	20—25	
18	第 46—47 天	构造柱上部模板拆除、清理	10—15	
19	第 46—48 天	安装割槽、预埋、收边	10—15	
20	第 47—49 天	顶部走码砖、贴钢丝网、粉刷做饼	10—15	中间间隔时间未计
21	第 50 天	本层达到主体验收要求		

注：视工程项目实际情况，工期及用工数量会有出入。

案例七　项目管理—工作任务表

项目管理"三控三管一协调"：质量控制、进度控制、成本的控制，信息管理、合同管理、安全管理，组织协调。

项目管理 PDCA 循环：Plan（计划）、Do（执行）、Check（检查）和 Act（处理）。项目管理过程就是实施 PDCA 的过程，计划的全面性与前瞻性决定后期一系列工作的开展。

项目从启动到竣工交付，包含临时设施施工、基础及边坡处理、地下室、地上主体、安装工程、室内外装饰及室外附属工程等分部分项工程，涉及钢筋、木工、泥工、装饰、安装等各工种。从"三控三管一协调"及项目全过程控制、多维度进行项目工作任务分解，涉及各节点工作及需注意事项。

普通项目按阶段可以划分为数百项、数千项工作任务，特大型项目分解工作任务更会达数万项。项目负责人需要把项目目标分解到个人，让员工清晰地了解自己的责任；明确的责任也是激励员工的重要手段之一。目标分解就是将总体目标在纵向、横向以及时序上分解到各层次、各部门以至具体的员工，形成目标体系的过程。目标分解是使总体目标得以实现的基础，也是明确目标责任的前提。项目管理者可以按版块、按专业分解工作，落实责任人，跟踪督促执行，在规定时间检查、整改、考核。

下例样表按项目分部分项工作，从进度、质量、安全文明、技术及资料、成本经营、奖惩多维度分解工作，相应工作责任人可参考本书岗位职责。

项目管理任务表

序号	分部分项(按区域)	进度(天)	质量	安全文明	技术及资料	成本经营	奖惩	备注
1	现场大门、道路、施工场地等		综合考虑永久性道路、设施技术要求、质量高满足使用要求等	实名制人员出入口要多，内外脚手架和转材堆放按区划坡度分等	提前完善临设方案，审批后按图施工等	临时、永久相结合，节约成本等	具体按相关项目考核责任制	打桩时完成相关工作，工期不考虑。道路考虑土方开挖时放坡。考虑施工现场出入口及考勤，甲方供水、供电。提前考虑位置等
2	办公区							
3	生活区							
4	临水、临电							
5	临时设施 洗车池、地磅			安装人员及设备安装、用电等				
6	塔吊基础		考虑拆除吊车及起吊位置等	安装人员及设备安装、用电等	考虑地基因素，是否需要基础桩等	如需塔吊桩足可考虑足否可签证	具体按相关项目考核责任制	考虑基础桩、砼龄期及安装时间、土方开挖前完成
7	升降机基础		考虑永久性道路、设施技术要求等	安装人员及设备安装、用电等	提前编制方案，办理相关手续等		具体按相关项目考核责任制	外脚手架塔设前完成基础，综合考虑基础、升降机等
8	基础及边坡处理 先期静载试桩施工、检测		达到设计要求；提前考虑桩帽等	洞口安全，成品保护等	经检测，出具报告提供设计核算		具体按相关项目考核责任制	所有材料第一次进场时提供合格证、质保书、3C认证、型式检验报告、主管部门备案、铭牌、身份证明，同时产品认检测报告、产品认证书（一式两份）

续表

序号	分部分项（按区域）	进度（天）	质量	安全文明	技术及资料	成本经营	奖惩	备注
9	基础及边坡处理	场地平整		达到施工基本要求	扬尘管控等	考虑土方开挖等	做好原始地形图	具体按相关项目考核责任制	施工道路同步进行,考虑道路及土方开挖边线等
10		工程桩施工		区分桩型,杜绝断桩,严控轴线位置,标高等	机械、桩孔覆盖、用电等	提前报批施工方案,施工后按区域选桩等	灌注桩充盈系数,桩孔覆盖等	具体按相关项目考核责任制	优先选择并施工检验性静载检测桩,按施工工段开挖先后安排施工
11		检验性静载试验		杜绝断桩,严控轴线位置等	机械、桩孔覆盖、用电等	经检测,出具合格报告	检测道路考虑签证	具体按相关项目考核责任制	提前考虑检测道路,分区域分批检测并提供中间报告
12		基坑支护		防止出水口堵塞等	放坡、扬尘管控等	深基坑专家论证等	及时办理结算手续	具体按相关项目考核责任制	根据现场桩基、土方进度穿插施工
13		土方（含载桩清理）		严控标高与范围,杜绝开挖后又回填	放坡、扬尘管控、机械使用等	核实结构、建筑轴线	轴线、标高控制,杜绝返工	具体按相关项目考核责任制	划分区域,提前平整场地
14	地下室	砖胎模垫层、砖胎模		范围及平整度	工完料清场地净、垂直运输等	核实结构、建筑轴线	轴线、标高控制	具体按相关项目考核责任制	涉及材料提前准备
15		回填、垫层、粉刷及找平层		范围及平整度、达到施工要求	工完料清场地净、垂直运输等	核实结构、建筑轴线	厚度控制	具体按相关项目考核责任制	提前落实泵车架友场地,车辆通行路线
16		桩验收		轴线偏差	场地清洁	验收资料	偏位增加成本,明确责任承担费用划分	具体按相关项目考核责任制	提供静载及小应变检测报告
17		防水		细部处理,严控质量	材料垃圾及时清运	送检材料及资料签收	为渗漏索赔做好过程资料收集	具体按相关项目考核责任制	严控质量,避免渗漏维修

续表

序号	分部分项(按区域)	进度(天)	质量	安全文明	技术及资料	成本经营	奖惩	备注
18	隔离层、防水保护层		防水边缘不浇筑，以便墙板防水收头	注意成品保护	防水方案	控制厚度	具体按相关项目考核责任制	完成面及时放线
19	钢筋安装、人防预埋		安装预埋、人防预理	用电、机械、垂直运输等	材料送检，施工方案中考虑涉及结算依据	电渣压力焊、直螺纹数量	具体按相关项目考核责任制	含止水钢板、人防预理等
20	模板		杜绝涨模	用电、机械等	核实结构、建筑做法	严禁大材小用	具体按相关项目考核责任制	含后浇带
21	筏板浇筑		振捣密实，工作面清理	用电、机械、登高	浇筑交底	厚度控制	具体按相关项目考核责任制	严控砼质量
22	墙板、柱钢筋		安装预理	用电、机械、登高等	核实安装修图纸，预埋等	几何尺寸控制	具体按相关项目考核责任制	涉及二次结构可能预埋
23	墙板、柱、顶板模板		外墙止水螺杆安装质量	墙板外脚手架提前到位	核实安装修图纸，预埋等	几何尺寸控制	具体按相关项目考核责任制	安装预埋同步
24	顶板钢筋		安装预埋	临边围护	核实安装修图纸，预埋等		具体按相关项目考核责任制	水电安装同步进行。专业分包需确保系统正常使用，需其他专业配合事项需供应商配合事项需提前书面提出
25	墙板、顶板浇筑		平整度、养护	用电、机械、成品保护、登高等	工序报验等	厚度控制	具体按相关项目考核责任制	
26	墙板拆除		砼修补补养护	基坑清理	工序报验等		具体按相关项目考核责任制	砼龄期满足条件后，在规定时间拆除清理干净
27	墙板防水		严控质量	垃圾清理	工序报验等	为渗漏索赔做好过程资料收集	具体按相关项目考核责任制	
28	墙板防水保护层及土方回填		回土前清理、回填土质量	安全评价、基础验收等	回填前基础验收、白蚁防治	回填土方工程量确认	具体按相关项目考核责任制	

地下室

续表

序号	分部分项(按区域)	进度(天)	质量	安全文明	技术及资料	成本经营	奖惩	备注
29	一层放线电渣压力焊		轴线位置	用电、机械、登高等	工序报验、材料送检等	工程量确认	具体按相关项目考核责任制	外脚手架同步提前搭设,综合考虑幕墙等装饰面施工
30	二层木工排架		建筑、结构、装修图核对	用电、登高	高支模方案提前专家论证、交底	材料	具体按相关项目考核责任制	盘扣式、扣件式方案对比;材料提前落实到现场
31	二层木工模板		建筑、结构、装修图核对	临边围护	建筑、结构、装修图核对	模板、木方用量	具体按相关项目考核责任制	
32	二层钢筋		建筑、结构、装修图核对	临边围护	建筑、结构、装修图核对	钢筋用量	具体按相关项目考核责任制	
33	二层安装预埋		建筑、结构、装修图核对	临边围护	建筑、结构、装修图核对		具体按相关项目考核责任制	同步施工,不计工期
34	二层砼浇筑		振捣、平整度、浇筑后养护	临边围护、用电、登高、上方模板塌落、周边警戒围护	浇筑交底	砼结算量与进场量对比	具体按相关项目考核责任制	砼龄期满足条件后,在规定时同拆除清理干净
35	……		……	……	……	……	……	
36	……		……	……	……	……	……	
37	主体验收		清理	临边围护	工序报验等	工程量核对	具体按相关项目考核责任制	所有区域全部完成
38	屋面工程		防水质量、平整度、面层完成面保护	临边围护	资料	找坡厚度控制	具体按相关项目考核责任制	分区域同步施工
39	屋面装饰面		完成面保护	临边围护	材料送样等	材料用量与结算量	具体按相关项目考核责任制	

(地上主体 / 室外装饰工程)

续表

序号	分部分项（按区域）	进度（天）	质量	安全文明	技术及资料	成本经营	奖惩	备注
40	墙面粉刷（找平层）		平整度	登高、交叉作业等	工序报验等	材料用量与结算量	具体按相关项目考核责任制	室内墙面粉刷同步
41	保温		连接件牢固	登高、交叉作业等	工序报验等	材料用量与结算量	具体按相关项目考核责任制	
42	外墙涂料		幕墙、窗户区域收边	登高、交叉作业等	工序报验等	材料用量与结算量	具体按相关项目考核责任制	满足幕墙进度
43	外墙窗户		图纸与洞口实际尺寸	登高、交叉作业等	工序报验等	材料用量与结算量	具体按相关项目考核责任制	满足幕墙进度
44	幕墙材料准备		建筑、结构、装修图、现场核对	落实工作面安全措施	材料送样	材料用量与结算量	具体按相关项目考核责任制	主体施工阶段准备材料
45	幕墙预埋件		建筑、结构、装修图核对	登高、交叉作业等	建筑、结构、装修图核对	材料用量与结算量	具体按相关项目考核责任制	
46	幕墙放线		建筑、结构、装修图核对	登高、交叉作业等	建筑、结构、装修图核对	材料用量与结算量	具体按相关项目考核责任制	
47	幕墙龙骨		建筑、结构、装修图核对	登高、交叉作业等	建筑、结构、装修图核对	材料用量与结算量	具体按相关项目考核责任制	
48	幕墙面板		建筑、结构、装修图核对	登高、交叉作业等	建筑、结构、装修图核对	材料用量与结算量	具体按相关项目考核责任制	
49	幕墙收边		建筑、结构、装修图核对	登高、交叉作业等		材料用量与结算量	具体按相关项目考核责任制	
50	脚手架拆除		拆除工作面完成	登高、周边警戒围护		材料用量与结算量	具体按相关项目考核责任制	拆除后材料及时清理退场
51	所有区域全部完成		拆除工作面完成	登高、周边警戒围护			具体按相关项目考核责任制	

（室外装饰工程）

续表

序号	分部分项(按区域)		进度(天)	质量	安全文明	技术及资料	成本经营	奖惩	备注
52		水电		建筑、装修图核对	登高、交叉作业、用电等	材料送样、工序报验等	材料用量与结算量	具体按相关项目考核责任制	
53		消防		建筑、装修图核对	登高、交叉作业、用电等	材料送样、工序报验等	材料用量与结算量	具体按相关项目考核责任制	
54		通风		建筑、装修图核对	登高、交叉作业、用电等	材料送样、工序报验等	材料用量与结算量	具体按相关项目考核责任制	
55		智能化		建筑、装修图核对	登高、交叉作业、用电等	材料送样、工序报验等	材料用量与结算量	具体按相关项目考核责任制	
56	室内装饰工程	地面		建筑、装修图核对	登高、交叉作业、用电等	材料送样、工序报验等	材料用量与结算量	具体按相关项目考核责任制	
57		墙面		建筑、装修图核对	登高、交叉作业、用电等	材料送样、工序报验等	材料用量与结算量	具体按相关项目考核责任制	
58		吊顶		建筑、装修图核对	登高、交叉作业、用电等	材料送样、工序报验等	材料用量与结算量	具体按相关项目考核责任制	
59		栏杆		建筑、装修图核对	登高、交叉作业、用电等	材料送样、工序报验等	材料用量与结算量	具体按相关项目考核责任制	
60		门窗		建筑、装修图核对	登高、交叉作业、用电等	材料送样、工序报验等	材料用量与结算量	具体按相关项目考核责任制	
61		……		建筑、装修图核对	登高、交叉作业、用电等	材料送样、工序报验等	材料用量与结算量	具体按相关项目考核责任制	
62		收边		建筑、装修图核对	登高、交叉作业、用电等	材料送样、工序报验等	/	具体按相关项目考核责任制	
63	室外附属工程	雨污管道土方		标高、范围	机械交叉作业、用电等	竣工图	……	具体按相关项目考核责任制	
64		雨污管道敷设		标高、范围	机械交叉作业、用电等	竣工图	……	具体按相关项目考核责任制	

续表

序号	分部分项（按区域）	进度（天）	质量	安全文明	技术及资料	成本经营	奖惩	备注
65	雨污管井砌筑		标高、范围	机械交叉作业、用电等	竣工图	……	具体按相关项目考核责任制	
66	土方部分回填		标高、范围	机械交叉作业、用电等	竣工图	……	具体按相关项目考核责任制	
67	消防、强电等管道土方		标高、范围	机械交叉作业、用电等	竣工图	……	具体按相关项目考核责任制	
68	消防、强电等管道敷设		标高、范围	机械交叉作业、用电等	竣工图	……	具体按相关项目考核责任制	
69	消防、强电等管井砌筑		标高、范围	机械交叉作业、用电等	竣工图	……	具体按相关项目考核责任制	水压检测、绝缘电阻、通球试验等
70	土方回填		标高、范围	机械交叉作业、用电等	竣工图	……	具体按相关项目考核责任制	
71	场地回填整平		标高、范围	机械交叉作业、用电等	竣工图		具体按相关项目考核责任制	
72	道路基层浇筑		标高、范围	机械交叉作业、用电等	竣工图		具体按相关项目考核责任制	
73	侧石、面层等		标高、范围	机械交叉作业、用电等	竣工图		具体按相关项目考核责任制	室外运动场考虑提前施工
74	室外附属工程 分区域全部完成		标高、范围	机械交叉作业、用电等	竣工图		具体按相关项目考核责任制	
75	项目验收 竣工验收		修补	场地清理	资料、竣工图	结算	具体按相关项目考核责任制	规划、防雷、消防等专项提前验收
76	责任人 项目负责人		施工员、班组	安全员、班组	技术员、班组	造价员、班组	具体按相关项目考核责任制	劳资员、资料员、供应商

注：工序需根据具体项目确定，相关工作内容仅做参考。

案例八　项目指标

工程项目管理中，设计图纸供应、技术方案确定、材料供应、班组进场，都会影响项目的产值。一个大型项目，主体施工阶段一天少制作安装几吨钢筋，又或是少来一车砌块、少浇筑几车砼，在装饰阶段，材料供应或人员不能够保障，技术变更不提前、不及时，一个月就会影响产值超过百万。项目管理需要在满足安全与质量前提下，合理安排各项资源，在推进进度的过程中做出产值。公司与项目部，管理者与被管理者的权益本质上是一致的，公司通过项目创造产值，项目通过产值创造利润，产值与利润需要所有工作人员一同创造，所以管理者工作的最大任务之一是调动工作人员的积极性，迅速地完成工作任务。管理者另外一个任务就是调动公司决策层对所有员工进行论功行赏。

管理的好坏不能够简单地用人均产值来衡量，员工数量、员工工资、员工技能，以及项目本身的大小、特征和项目不同施工阶段都会影响产值。确保产值的前提是必须保障资源的供应。月产值小于市场或原施工项目产值时，可以从下面几个指标分析，并与经验值进行比较分析，来区分人员素质、人员综合能力以及绩效考核效果是否有用，考虑是否需要调整人员或分析资源供应是否滞后。分析的前提是工程项目必须有可比性，施工阶段需一致。

指标名称	公式
每月万元管理人员工资产值	每月产值÷该月管理人员工资
每月万元管理人员工资利润	每月利润÷该月管理人员工资
项目总产值与管理人员工资比	项目总产值÷管理人员总工资
项目总利润与管理人员工资比	项目总利润÷管理人员总工资

案例九　项目收尾管理

项目收尾管理是为确保项目竣工验收交付，在项目部自检、自评后，通知公司相关部门复查后，报监理单位组织进行工程竣工预验；在整改完成预验收发现的问题、完善相关资料及专项验收的基础上，由业主（建设单位）按照当地政府建设主管部门的规定组织五方责任主体（业主、监理、设计、勘察、施工）竣工验收。

项目竣工验收交付是项目收尾管理的里程碑事件之一。项目竣工验收交付前，项目现场施工区（生活区、办公区）逐步清理退场；项目实体完工（完成图纸与合同范围内工作）与竣工资料的归档工作；工程竣工交付后对业主（使用方）回访报修、维保期满后对使用方的咨询与协助；竣工结算与尾款回收、项目部撤销与人员安排、项目总结都可归于项目收尾管理。项目收尾管理是对实现上述目标而进行的相关工作管理。

项目竣工资料归档管理：项目部资料管理员负责组织竣工资料及竣工图纸收集、整理，并按当地行政主管部门的规定进行建档、归档工作。资料要与施工同步，资料要真实、确切、前后交圈、完整，竣工图需按实际施工完成情况绘制、整理。项目部负责按合同约定及项目所在地主管部门要求及时向业主移交竣工资料，同时将存档竣工资料按规定移交项目所在地档案主管部门备案。

工程交付：工程交付是指工程竣工验收后，将其管理与使用权转移给业主（使用方）。按工程项目清单向业主进行实物移交、使用说明书移交，对设备及用户使用须知进行操作、培训，办理工程移交手续。

竣工结算的依据：施工合同、中标投标书的报价单、施工图及设计变更通知单、施工变更记录、技术经济签证；有关施工技术资料；合同约定的取费定额及调价规定；工程竣工验收报告；验收证明书、工程质量保修书以及其他有关资料。

结算资料：图纸、施工合同范围内，中标清单范围内的工程量结算，根据合同进行的材料调价、人工调差、图纸设计变更（施工变更记录核定单）增减工程量涉及的费用增减，按国家、当地政府主管部门及合同约定办理的相关核定确认的暂估价、暂列金。项目部提交的书面结算资料，提交前应就所有拟索赔项目达成一致意见并形成书面确认的资料，这是工程决算工作顺利进行的关键因素。

工程结算：项目部造价员应做好竣工结算基础工作，项目经营负责人对造价员整理的竣工结算文件进行核查后，报业主委托指定的审计人员进行工程结算的审计、审核，形成最终核定单。工程竣工结算完成后，项目部经营负责人负责将工程竣工结算报告及完整的结算资料移交资料员，结算资料纳入工程竣工资料，及时归档保存。

项目部撤销与人员安排：项目结束后，项目经理部予以撤销。工程实体完工，项目交付使用；文件资料齐备、完整，竣工资料已移交，已办理竣工备案手续；工程结算书最终核定单已出具，对下分包分供核实已完成；项目的债权、债务清晰。项目部撤销是一个动态的过程，项目部撤销根据以上相关事项完成情况而定。项目经理部撤销后，应对原项目部人员进行合理安排和有效管理。

维修维保：为提高工程质量水平，需重视项目投入使用后、运营过程中出现的问题。对工程完工交付后易发生的、常见的、影响安全和使用功能及外观质量的缺陷，采取相应修复措施；对工程容易出现质量问题、维修率高的情况，需要从设计、材料、施工、管理等方面进行综合分析，查明原因，采取有效防治方法、措施和要求，在以后项目施工中控制类似质量问题的出现。项目交付后，从报修到工程保修处理的时间，保修完成后与业主共同进行验收的通过率，维修维保的及时性、通过率，决定了业主（使用方）的满意度。

项目总结：工程完工后，进行复盘。从项目场地布置、施工过程、竣工交付到维修维保，从"三控三管一协调"全方位考虑，分析可以改善的地方，对存在的问题，总结经验教训、整理应对措施，为以后项目的开展提供措施保证。

案例九 样表 8-9-1

项目部分包分供结算样表

			_____项目_____最终计量				
	序号		项目名称	本期	上期累计	至本期末累计	备注
一	1	审计产(元)	合同内				
	2		设计变更				
	3		其他签证				
	4		材料、人工调差				
	5		其他增减				
	6		第1—5小计(元)				
二	7	永久性奖罚(元)	奖罚				
	8		第7小计(元)				
三	9	返还性扣款(元)	工程质量保证金(%)				
	10		其他				
	11		第9—10小计(元)				
四	12	最终计量(元)	(一)—(二)				
			项目部会签				
分包分供班组							
造价员							
经营负责人							
项目负责人							

附件:计算书、图纸、其他资料。

案例九 样表 8-9-2

项目部维修情况统计表

项目名称:			
序号	楼幢部位	维修原因	修复方式及现状	备注
1				
2				
3				
4				
5				

案例十　项目目标责任书简易版

规范项目管理行为,强化项目管理意识,确保项目部在全面履行公司与业主签订的施工合同的基础上,有效完成公司下达给项目部的经营目标和管理指标,提高项目管理效益。任命项目负责人,由项目负责人带领项目管理团队对项目进行全过程管理。

根据项目施工承包合同和相关管理制度要求,对项目下达管理目标指标与任务,项目部在项目规划后、正式开工前将各项指标进行分解,以责任书形式下达给项目部各部门,以岗位责任书的形式下达给项目部的各管理成员,确保在项目实施过程中执行到位。

项目目标责任书(简易版)

一、项目部人员组成

序号	岗位名称	姓名	联系方式	备注
1	项目负责人			
2	技术负责人			
3	安全负责人			
4	生产负责人			
5	经营负责人			
6	劳资员			
7	……			

二、施工工期

(1) 合同工期:开工日期_____,竣工日期_____,共计_____天。

(2) 完成施工合同所有工作内容的目标总工期为_____日历天。

(3) 主要工程节点计划目标工期。

序号	主要工程节点名称	开工时间	竣工时间	工期(天)
1	正负零以下基础工程			
2	主体工程			
3	室内安装及装修工程			
4	室外工程			
5	竣工验收			

三、工程质量

(1) 按主合同要求达到_____标准;

(2) 杜绝发生严重质量事故、重大质量事故;

(3) 因质量问题或事故引起的直接经济损失不得超过_____万元;

(4) 项目维修成本费用不超过_____万元。

四、安全生产

(1) 杜绝发生特大安全事故和重大事故;

(2) 项目安全事故赔付金额不得超过_____万元。

五、现场形象

按公司安全文明施工标准和主合同约定标准执行，必须达到_____工地。

六、资金收支

（1）按主合同约定条款，工程款回款率必须达到_____%。

（2）节点回款：

基础验收需累计回款_____万元，预计_____月底完成；

主体竣工需累计回款_____万元，预计_____月底完成；

竣工验收需累计回款_____万元，预计_____月底完成；

办理完工程竣工结算审计后，缺陷责任期满回款总额达到结算总价款的_____%。

（3）工程付款与回款比率控制在_____%。

（4）资金预算执行的准确率>_____%。

七、人才培养

通过本工程的实践与锻炼，培养出_____位项目经理、_____位生产/技术主管、_____位主管工程师。

八、各阶段总平面布置图及涉及费用

略。

九、各阶段施工区段划分及各班组进入时间

略。

十、分包分供

序号	类别	项目	内部控制额（万元）	备注
1	专业分包	……		
2		……		
3	劳务分包	……		
4		……		
5	材料采购	……		
6		……		
7		……		
8	合计			

项目目标责任书(简易版)

一、项目部人员组成

序号	岗位名称	姓名	联系方式	备注
1	项目负责人			
2	技术负责人			
3	安全负责人			
4	生产负责人			
5	经营负责人			
6	劳资员			
7	……			

二、施工工期

(1) 合同工期:开工日期_____,竣工日期_____,共计_____天。

(2) 完成施工合同所有工作内容的目标总工期为_____日历天。

(3) 主要工程节点计划目标工期。

序号	主要工程节点名称	开工时间	竣工时间	工期(天)
1	正负零以下基础工程			
2	主体工程			
3	室内安装及装修工程			
4	室外工程			
5	竣工验收			

三、工程质量

(1) 按主合同要求达到_____标准;

(2) 杜绝发生严重质量事故、重大质量事故;

(3) 因质量问题或事故引起的直接经济损失不得超过_____万元;

(4) 项目维修成本费用不超过_____万元。

四、安全生产

(1) 杜绝发生特大安全事故和重大事故;

(2) 项目安全事故赔付金额不得超过_____万元。

五、现场形象

按公司安全文明施工标准和主合同约定标准执行，必须达到_____工地。

六、资金收支

（1）按主合同约定条款，工程款回款率必须达到_____％。

（2）节点回款：

基础验收需累计回款_____万元，预计_____月底完成；

主体竣工需累计回款_____万元，预计_____月底完成；

竣工验收需累计回款_____万元，预计_____月底完成；

办理完工程竣工结算审计后，缺陷责任期满回款总额达到结算总价款的_____％。

（3）工程付款与回款比率控制在_____％。

（4）资金预算执行的准确率＞_____％。

七、人才培养

通过本工程的实践与锻炼，培养出_____位项目经理、_____位生产/技术主管、_____位主管工程师。

八、各阶段总平面布置图及涉及费用

略。

九、各阶段施工区段划分及各班组进入时间

略。

十、分包分供

序号	类别	项目	内部控制额（万元）	备注
1	专业分包	……		
2		……		
3	劳务分包	……		
4		……		
5	材料采购	……		
6		……		
7		……		
8	合计			

十一、主要风险识别与控制

序号	分类	风险识别(描述)	影响程度	应对措施(响应计划)	责任人
1	工期风险				
2	质量风险				
3	安全风险				
4	环保风险				
5	分包风险				
6	成本风险				
7	合约管理风险				
8	材料价格风险				
9	清单工程量风险				
10	竣工手续风险				
11	结算造价风险				
12	工程款回收风险				
13	税务税票风险				
14	工程维保风险				
15	沟通协调风险				
16	……				

致力于中国民营企业工程项目管理的标准化模块化管理,减少工程项目管理中的内耗与扯皮。

致力于建设方与施工方形成"大项目一体化管理思维",减少不必要的社会资源浪费,减少碳排放,确保项目正常、合理的市场利润。

后　记

从几十年工作实践中积累、总结经验教训，通过权责分解，使管理者能够清晰地了解需要做什么事，应该由谁去做，怎么做。通过表格的形式将项目管理中该做的工作进行分解描述，提供思路与经验，作为知识库与方法论……同时以管理过程中存在的具有一定共性与代表性的一些案例，为管理者提供可以参考的"使用说明书"，以便了解一般性工程项目管理中的常见问题。

每个项目的特点与难易程度各不相同，具体的一个案例无法说明所有项目的管理要求；照搬照抄，容易脱离项目实际，造成新的混乱；不可能通过一本书、一堂课改变项目管理过程中的所有问题。期望通过对一系列知识点的梳理让管理者形成知识面，并通过实践形成管理者自己的知识体系，能够比较透彻地了解和熟悉工程项目管理，并能够指导工程项目管理。在管理项目时，能够比上一次项目管理更轻松……相信书中涉及的某个思路、某张表格、某个流程能够对项目管理起到积极的作用，能够用到管理实践中；相信书中的某一个版块，能够有助于项目某个岗位、某个部门的工作；相信能够减少一些工程项目管理中经常出现的扯皮与推诿，减少一些不必要的返工，减少一些碳排放。能够起到上述的一两点的效果，这本书就是成功而有意义的！

项目管理中业主、监理、施工方的部分工作存在重叠与重复，各责任主体内部工作也存在类似不产生经济效益的工作。相信若干年以后专业的、有执业资格的个人/管理公司会越来越多，专业管理公司会全程参与项目管理。开工前由一个专业管理公司负责做好项目规划，召集各方讨论、修改、完善、确定后执行，将减少项目管理中很多不必要的"内卷"。在人口老龄化越来越严重的情况下，将减少不必要的重复的管理人员，节约人力资源成本。

并不是所有的经验教训都值得学习，由于实践与专业能力的局限性，本书的编制仍不够细致，整体性、系统性、实用性仍需完善，部分理念在执行过程中仍需优化，需要在工程项目管理实践中持续不断地改进和完善。请读者及管理同仁在阅读过程中提出宝贵意见与建议，以便改进。

感谢朋友和同仁以及编辑在此书出版过程中给予的帮助与建议。希望本书能够起到草船借箭的作用，相信会有更多的管理同仁与学者，注重项目管理的"基层管理工作"，提高项目管理水平，减轻劳动者与管理者的工作负荷，减少行业的"内卷"，推动工程管理水平的发展！

作者

2023年5月

作者简介

芮俊飞

1981年出生,江苏溧阳人

注册一级建造师

房地产专业/工商管理硕士

从事项目管理20年